L'ÉGLISE DE BROU

ET

SES TOMBEAUX

PAR

G.-J. DUFAŸ

Chevalier de l'ordre impérial de la Légion d'honneur

et de l'ordre équestre des SS. Maurice et Lazare.

Me faudra-t-il tousjours languir ?
Me faudra-t-il enfin ainsi morir ?
Nul n'ara il de mon mal cognoissance ?
Trop a duré, car c'est dès mon enfance !

MARGUERITE D'AUTRICHE.

LYON

N. SCHEURING, ÉDITEUR

—

1867

Lyon.— Imp. d'A. Vingtrinier.

· MARGARITA · MAXIMILIANI · CÆSARIS AVGVSTI · FILIA · PHILIBERTI · II · SAB · DVCIS · VXOR · SECVNDA

FREDERIC · HILLEMACHER SC. A. F 1869
d'après une peinture du Palais Royal à Turin
ATTRIBUÉE À JEHAN PERREAL DIT JEHAN DEPARIS

L'ÉGLISE DE BROU

ET

SES TOMBEAUX

PAR

C.-J. DUFAŸ

*Chevalier de l'ordre impérial de la Légion d'honneur
et de l'ordre équestre des SS. Maurice et Lazare.*

Me faudra-t-il tousjours languir ?
Me faudra-t-il enfin ainsi morir ?
Nul n'ara il de mon mal cognoissance ?
Trop a duré, car c'est dès mon enfance !

MARGUERITE D'AUTRICHE.

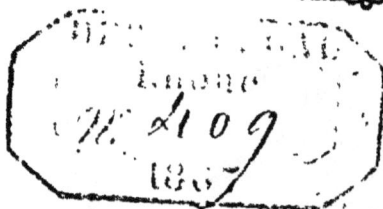

LYON

N. SCHEURING, ÉDITEUR

—

1867

AVERTISSEMENT

Ce livre n'est pas une création nouvelle ; les monographies sur Brou sont trop bien connues pour qu'il soit venu à la pensée de l'auteur de se montrer plus expert que ses devanciers.

Son but est d'un ordre plus élevé: il lui a paru que le temps était arrivé de proclamer hautement le nom d'un peintre célèbre, auquel la Bresse doit les plans et les dessins de l'église de Brou et ceux de ses tombeaux ; de restituer à Jean Perréal, dit Jehan de Paris, né à Lyon, le mérite de ses œuvres qui font l'admiration des archéologues, des artistes et du public éclairé, venant en foule visiter cette majestueuse basilique, l'éternel orgueil de notre contrée !

Depuis 1838, où les premiers documents découverts à Lille, par M. le docteur Le Glay, ont été publiés, le temps a amené la découverte de nouvelles preuves que nous soumettons aujourd'hui à l'attention des archéologues.

Comment pourrait-on nier, désormais, la participation de l'éminent artiste français Perréal, dans l'œuvre de Brou ? Cette opinion a fait son chemin depuis près de trente ans ; c'est celle des maîtres en histoire, de notre époque.

Citons les Renouvier, les Delaborde, les Didron, les rédacteurs de l'Ecole des Chartes, dont les travaux réputés ont restitué à Jehan Perréal la gloire de ses créations à Brou.

Quant à la monographie de l'église et de ses tombeaux, on comprendra qu'il était difficile de faire une description sans répéter ce que d'autres ont déjà écrit sur le même sujet. Il suffisait de chercher, à l'aide de détails nouveaux, à rendre notre travail aussi complet que possible.

L'auteur espère avoir atteint ce double but.

Lyon, le 1er mai 1867,

DUFAŸ.

L'ÉGLISE DE BROU

ET

SES TOMBEAUX

CHAPITRE PREMIER.

Marguerite d'Autriche. — Sa devise. — Nom de Brou. — Ermitage. —
Ancien prieuré. — Couvent des Augustins. — Église de Saint-Nicolas-
de-Tolentin. — Jehan Perréal, dit Jehan de Paris. — Michel Colombe
et Van-Boghem. — Style architectural. — Valeur monétaire. —
Matériaux employés.

Avant d'introduire le visiteur dans l'église de
Brou, il importe de lui faire connaître, par un
abrégé rapide, la vie de sa fondatrice.

Il faut le mettre à même d'apprécier ce qu'il va
voir, soit qu'il s'agisse de l'art en particulier, soit
qu'il veuille se reporter aux causes qui ont fait
édifier cette basilique et les tombeaux qu'elle renferme.

On y trouvera d'autant plus d'intérêt que toutes ces merveilles, conçues et dirigées par Marguerite d'Autriche elle-même, sont empreintes d'un cachet de personnalité irrécusable.

I.

Marguerite d'Autriche, fille de Maximilien Ier, empereur d'Allemagne, et de Marie de Bourgogne, est née à Bruxelles, le 10 janvier 1479 (1).

Elle est décédée à Malines, à l'âge de 52 ans, le 1er décembre 1530, après avoir gouverné les Pays-Bas pendant 23 ans.

Elle n'avait encore que quatre ans et demi lorsqu'elle fut fiancée au fils de Louis XI, devenu plus tard Charles VIII, roi de France.

---

(1) D'après M. Wauters: — *Description du Palais de Bruxelles.* — (Voir les *Matériaux pour servir à l'hist. de Marguerite d'Autriche,* par M. le c[te] de Quinsonas, tome 1, p. 7, 1860). La biographie universelle porte, par erreur, que cette princesse est née à *Gand,* en 1480 ; cette double erreur a été répétée par beaucoup d'historiens.

Cette union devait mettre un terme à la lutte engagée entre la France et les Pays-Bas; elle fut suivie du traité d'Arras.

La cérémonie eut lieu au château d'Amboise, en juillet 1483.

Cependant, la jeune Marguerite, élevée avec soin auprès de la régente Anne de France (Mme de Beaujeu), ne se maria point avec le Dauphin.

Elle fut répudiée par raison d'Etat; on lui préféra Anne de Bretagne dont le duché manquait au fleuron de la couronne de France, et Marguerite fut renvoyée à son père en l'année 1491.

Maximilien se vengea de cette injure en suscitant des ennemis à la France; mais la guerre se termina, deux ans après, par le traité de Senlis.

En 1498, Marguerite d'Autriche épousait Jehan de Castille, fils de Ferdinand V, roi d'Aragon. Cette princesse s'embarquait à Flessingue et faisait voile vers l'Espagne, où elle arriva après avoir été assaillie par une violente tempête pendant la traversée.

Jehan Lemaire (1), historiographe de Marguerite, prétend que, le lendemain de cet événement,
la jeune princesse discourant avec les dames de
sa suite, sur le danger qu'elles avaient couru,
composa le distique suivant, en forme d'épitaphe,
qui, dit-il, est un modèle de *gentillesse* et de *fa-
cétie* :

> *Cy gist, Margot, la gentil' damoiselle*
> *Qu'ha deux marys, et encor est pucelle.*

Marguerite devint veuve dans la même année.
Elle perdit même un fils dont elle accoucha peu
de temps après la mort de son mari.

Revenue auprès de son père en 1499, elle fut
bientôt recherchée en mariage par plusieurs
princes. Elle donna la préférence à Philibert II,

(1) Lemaire, et non *Le Maire*, comme beaucoup
d'auteurs l'ont écrit, est né à Bavai (Belgique), en 1473 ;
il était *poète, historien, théologien.* Il cachait souvent son
nom, dans ses écrits, sous l'anagramme de *Eriamel.*
(Voir sa signature, d'un seul mot, sur sa lettre du
22 novembre 1511, aux *preuves.*)

surnommé *le Beau*, duc de Savoie, fils de Philippe II et de Marguerite de Bourbon. Le contrat fut signé à Bruxelles, le 26 septembre 1501, et les deux époux furent unis dans l'église de Romain-Motier (pays de Vaud), le 4 décembre suivant, par Louis de Gorrevod, évêque de Maurienne.

La ville de Bourg, appartenant alors à la Savoie, reçut les jeunes époux avec un chaleureux enthousiasme; on y frappa même une médaille commémorative (1).

Les fêtes se succédèrent à Genève, à Chambéry, à Turin. Marguerite semblait oublier désormais ses mauvais jours ; mais, par une fatalité inouïe,

---

(1) Sur la face de cette médaille, on voyait le buste du duc et celui de la duchesse se regardant au milieu d'un champ semé de fleurs de lis et de lacs d'amour, avec ces mots à l'entour :

« *Philibertus, Dux sabaudiæ VIIIus, Margarita Maxi. Aug. fi. d. sab.* »

Sur le revers était l'écu, mi-partie de Savoie et d'Autriche, surmonté d'un grand lac d'amour, entouré de cette légende:

« *Gloria in altissimis Deo et in terrâ pax hominibus. — Burgus.* »

elle devint veuve une seconde fois, après trois ans de mariage avec Philibert-le-Beau.

Le duc, chassant un sanglier près de Loyettes, en Bugey, et s'étant fait servir un repas, auprès de la fontaine de Saint-Vulbas, dans un endroit frais et ombreux, fut atteint d'une pleurésie, des suites de laquelle il mourut, à l'âge de 24 ans, le 10 septembre 1504, au château de Pont-d'Ain, dans la chambre même où il était né.

Marguerite désespérée fit inhumer le cœur de son mari dans une chapelle de Pont-d'Ain, et ordonna de déposer son corps dans l'ancien couvent de Brou, auprès du cercueil de Marguerite de Bourbon, mère du duc.

II.

Pendant deux ans, la veuve de Philibert-le-Beau s'enferma au château de Pont-d'Ain. Dans sa douleur, elle composa cette devise qui apparaît, avec profusion, sur les murs, les tombeaux, les boiseries, les vitraux de l'église de Brou :

Fortune. infortune. fort une.

qui signifie : *La fortune infortune* (persécute) *fort une femme* (1).

C'est dans cette même résidence de Pont-d'Ain qu'elle résolut d'ériger, à Brou, le riche sépulcre où elle devait un jour reposer en paix auprès de l'époux chéri qu'elle venait de perdre.

Il s'était passé 24 ans depuis que sa belle-mère avait fait vœu de construire, au même lieu, un monastère sous le vocable de *saint Benoît*. Marguerite d'Autriche voulut aussi accomplir ce vœu.

_____

(1) Cette interprétation est donnée par un poète contemporain, Cornelius Gropheus, dans un manuscrit de la bibliothèque royale de La Haye. L'auteur s'exprime ainsi :

« *Fortis fortuna infortunat fortiter unam.* »

(M. Baux, *Recherches hist. et archéol. sur l'église de Brou*, in-8, 1844, p. 70.)

. On lui donne aussi l'explication suivante :

« *Fortune, infortune, fort une,* c'est-à-dire *ne font qu'une même chose.* »

Enfin, d'autres auteurs ont vu, dans cette devise, l'alternative de la bonne et la mauvaise fortune de Marguerite.

Elle s'occupa donc de la fondation du couvent et de l'église de Brou où devait régner, à jamais, pour elle, *la passion humaine, la passion individuelle*, mais religieuse et chrétienne, qui vêtit la pensée et embellit la douleur, et pour Marguerite de Bourbon, la satisfaction du devoir accompli. — Voici l'origine de ce vœu :

En 1480, Philippe II, duc de Savoie, père de Philibert-le-Beau, chassant dans les mêmes lieux où son fils fut mortellement atteint, étant tombé de cheval, se cassa le bras. La duchesse Marguerite de Bourbon, sa femme, alarmée de cet accident dont elle craignait les suites fâcheuses, eut recours au ciel; elle sollicita, dans ses prières, la guérison de son mari, et fit vœu de fonder à Brou un couvent de l'ordre *de Saint-Benoît*, si elle obtenait la guérison de son époux.

Le duc guérit; mais la duchesse mourut en 1483, après avoir recommandé à son mari, dans son testament, l'accomplissement de ce vœu qu'elle n'avait pas eu le temps d'exécuter.

Philippe II n'avait encore disposé que d'un

revenu annuel de 200 florins, en faveur de cette
œuvre, suivant un acte daté du 7 mai 1483, lorsqu'il mourut, laissant à son fils aîné son suc-
cesseur, le soin de la fondation de Brou. On dit
que Philibert-le-Beau eut la pensée de bâtir une
église à Genève (1), mais que la mort ne lui laissa
pas le temps de satisfaire son désir. Ce soin était
réservé à sa veuve, qui choisit *Brou*, près de
Bourg.

Une dernière rigueur du sort devait encore atteindre Marguerite d'Autriche. Son frère, l'ar-
chiduc Philippe II, mourut en Espagne, en 1506,
à l'âge de 28 ans, laissant deux fils en bas âge,
dont l'aîné devint plus tard Charles-Quint.

Marguerite, à 25 ans, s'était condamnée à un
irrévocable veuvage ; elle se voua à l'éducation
de ses neveux, et fut chargée, *comme régente*,
du gouvernement des Pays-Bas, en 1507.

Elle y encouragea les sciences et les arts qu'elle

(1) *Histoire des révolutions du comté de Bresse*, par
Germain Guichenon, p. 132.

cultivait elle-même avec distinction. En effet ,
Marguerite d'Autriche fut l'un des personnages les
plus savants du XVIᵉ siècle : elle connaissait le
latin, le français, l'allemand, l'italien et l'espa-
gnol ; elle avait des talents en peinture ; musi-
cienne et poète, elle a composé *de charmants
vers* (1) et des danses à la mode du temps. Enfin,
diplomate habile, elle a été le principal rédacteur
du *traité de Cambrai*, en 1529, appelé *la paix de
dames.*

C'est le séjour de cette princesse en Flandre
qui explique comment les archives de ce pays
contiennent un si grand nombre de documents
historiques, découverts seulement depuis 1838,
sur Brou et la Bresse.

D'après la volonté de Marguerite et après sa

(1) Il existe à la bibliothèque de Bruxelles *un recueil
de poésies*, et un volume relié qui contient de *la musique de danses ;* compositions dues à Marguerite
d'Autriche. On voit aussi, à la bibliothèque impériale
de Paris, *un recueil de chansons* faites par la même
princesse.

mort, ses entrailles sont restées à Malines, sa
patrie (1). Son cœur fut porté à Bruges, dans le
tombeau de sa mère, puis dans le couvent des
Annonciades où, dans les derniers temps de sa
vie, elle avait secrètement pris la robe, et, le 21
avril 1532, son corps a été transporté à Brou pour
prendre place à côté de son époux.

III.

L'église de Brou a reçu son nom de l'emplace-
ment même sur lequel elle a été construite.

Elle est située à l'extrémité méridionale du fau-
bourg Saint-Nicolas de la ville de Bourg, département de l'Ain, ancienne province de Bresse,
sur la route impériale de Lyon à Strasbourg, à
46° 12 m de latitude et 2° 54 m de l'orient de Paris,
c'est-à-dire 22° 54 m de longitude.

On croit qu'il a existé, à Brou, une ancienne

---

(1) Plusieurs biographes disent que ses entrailles ont
été inhumées dans l'église de *Saint-Pierre* et de *Saint-
Paul*, à Bruges.

cité gallo-romaine. Cette origine est motivée sur la découverte d'un grand nombre de médailles, d'armes, d'outils, d'ustensiles, de poteries, et d'autres vestiges des Celtes et des Romains (1).

Le président de Thou l'a appelé : *Forum Sebusianorum*.

IV.

L'historien Severt prétend qu'en 927, il y avait à Brou une forêt auprès de laquelle saint Gérard, 25e évêque de Mâcon, fonda un ermitage où il mourut en 958.

V.

On y établit plus tard un prieuré que Fustailler, Saint-Julien de Baleure et Guichenon affirment avoir été très-célèbre.

En 1187, le voisinage de la Chartreuse de Seillon ayant contribué à réduire le nombre des soli-

_____

(1) *Considérations sur les monuments de Brou*, par M. Thomas Riboud (1790).

taires de Brou, on y établit des *clercs séculiers*, et le prieuré nouveau devint *cure* de la dépendance et de la collation d'Ambronay.

La chapelle de ce prieuré, vouée à saint Pierre, servit d'église paroissiale à la ville de Bourg jusqu'en 1505.

L'année suivante, Marguerite d'Autriche obtenait du pape, Jules II, la bulle qu'elle avait sollicitée à l'effet de mettre à exécution le vœu de sa belle-mère.

Ce pape l'autorisait à bâtir un couvent et une église, sous le vocable de *saint Nicolas de Tolentin* au lieu de *saint Benoît*. En outre, il permettait la translation du titre de paroisse à l'église de Bourg que l'on bâtissait alors, et celle des prêtres de l'ancien prieuré qui, déjà, avaient fixé leur résidence dans la ville de Bourg, à cause de son éloignement de Brou.

VI.

On commença la construction de *l'édifice entier* par *les bâtiments claustraux* qui devaient recevoir douze religieux Augustins de la congrégation de Lombardie.

Ces religieux, venus d'Italie la même année, ne purent s'installer dans le nouveau couvent qu'en 1508, après son achèvement; ils demeurèrent à Bourg pendant cette construction.

Ils ont occupé le nouveau prieuré de Brou, de 1508 à 1659, c'est-à-dire pendant 151 ans. Ils y ont été remplacés, le 14 mars 1659, par les Augustins réformés de la congrégation de France, connus longtemps sous le nom d'*Augustins déchaussés*.

VII.

La cérémonie officielle de la pose de la première pierre de *l'église de Saint-Nicolas-de-Tolentin* eut lieu le 27 août 1506, par la fondatrice elle-même.

Depuis l'année précédente, Marguerite d'Autriche avait fait appel aux architectes et aux artistes des pays circonvoisins de Brou; elle fixa son choix sur *Jehan Perréal* dit *Jehan de Paris*, *peintre et architecte lyonnais*, qui suivait la cour de France en qualité de *varlet de chambre du roi* (1).

VIII.

Perréal soumit ses plans à la princesse qui les agréa et s'attacha l'auteur comme peintre de sa maison.

Cet artiste avait alors 42 ans ; il avait atteint l'apogée de son talent d'architecte dont il avait donné une preuve irrécusable par la construction de l'ancienne église de l'Observance de Lyon. Comme peintre, Marguerite connaissait ses compositions dans les châteaux royaux de Blois et d'Amboise ; elle l'accueillit favorablement. La princesse lui confia les travaux de *l'édifice de Brou*. Perréal commença l'œuvre, en 1505, par la construction

- - - - -

(1) Il était d'usage, au xvi⁰ siècle, de voir les grands artistes attachés aux maisons princières avec des titres honorifiques souvent subalternes. (*Essai biographique sur Jehan Perréal, dit Jehan de Paris,* par M. Dufay. —Lyon, in-8, 1864.)

du monastère terminé en 1508. (Voir aux preuves, la pièce A, *lettre du frère Claude.*)

IX.

En 1509, il allait entreprendre l'église, dont les fondations étaient déjà creusées, lorsque, forcé de quitter le service de Marguerite pour suivre le roi Louis XII en Italie, il proposa à cette princesse d'employer l'atelier *de massonnerie* de Tours, dirigé par le célèbre Michel Colombe (1), dont l'un des neveux, Bastien (François), *maistre-masson*, avait construit l'église de Saint-Martin de Tours.

Michel Colombe était lui-même *tailleur d'ymaiges* (statuaire). Il signa un traité pour entreprendre tous les travaux à faire à Brou, sous la date du 3 décembre 1511. (Voir aux preuves, pièces F G H.) Mais il avait 80 ans; il mourut au printemps de l'année 1512, et la princesse le rem-

---

(1) Colombe et non *Coulombe*, comme l'ont indiqué plusieurs auteurs. Voir sa signature au bas du marché du 3, x° 1511. — *Pièces justificatives ci-jointes.*

plaça par Loys Van-Boghem, *maistre masson
flamand*, choisi *pour la taille de la pierre nécessaire, tant pour l'esgliese que pour les sépultures*. (Voir aux preuves, la *lettre inédite
de Marguerite d'Autriche, du mois d'octobre* 1512,
pièce K.) L'architecte Van-Boghem se présenta à
Brou, *pour la première fois*, *en novembre suivant* (Voir pièce L) et continua les travaux de
l'église, à dater du printemps 1513. Il les a ter-
minés en 1536. Cette construction a donc duré
23 ans (1).

X.

L'architecture de l'église de Brou est gothique,
de la dernière période, *style fleuri*.

---

(1) Les historiens de Brou ont tous varié sur la date
de la construction de l'église de Brou : les uns la portent
à 1506 ; d'autres, comme Cussinet, à 1507 ; le plus
grand nombre en 1511 et 1512 ; cependant, il n'est pas
admissible que les travaux de l'architecte Van-Boghem
aient commencé *pendant l'hiver de* 1512 ; ils doivent
partir du *printemps* 1513.

D'après M. Didron (1), ce monument est l'un des plus complets qui existent. « Fondé, dit-il, « par une femme qui tenait aux maisons de Bour- « bon, de Savoie et d'Autriche, exécuté par des « artistes français, italiens et allemands, et con- « centrant ainsi en lui les trois plus grands arts « de l'Europe ; destiné à servir, tout à la fois, de « tombeau, d'oratoire, d'église conventuelle et « d'église publique, cet édifice devait être et fut « très-complet; restreint comme une chapelle, « surtout au sanctuaire, développé comme une « cathédrale, à l'époque où il fut bâti, il devait « offrir un spécimen et comme un résumé de tous « les styles et de toutes les formes qui avaient eu « cours avant lui. Aussi y trouve-t-on toutes les « variétés possibles de baies, les plate-bandes, « les cintres, les ogives, les anses de panier, les « doubles courbes ou accolades, des roses entiè- « res et des demi-roses. On a donc, entre les deux

---

(1) *Texte de la Monographie de Brou*, par M. Du-pasquier, architecte à Lyon, in-folio, 1842.

« extrémités de la plate-bande la plus surbaissée
« jusqu'à l'ogive la plus aiguë, toutes les formes
« de l'arcade et la variété la plus complexe.

« Brou a signalé la fin de l'architecture gothi-
« que et l'aurore de la Renaissance. »

L'église est homogène dans toutes ses parties.
Une seule pensée a présidé à la construction entière, c'est celle de la fondatrice elle-même, pensée transmise successivement à ses deux architectes, Perréal et Van-Boghem , et scrupuleuse-
ment observée par eux.

Quelques archéologues ont vu, dans cette église,
une consécration particulière à la glorieuse Marie,
mère de Dieu, et, pour cela ils l'appellent *Notre-
Dame de Brou ;* cependant il est notoire qu'elle a
été consacrée à *saint Nicolas de Tolentin*, dont
elle devrait porter exclusivement le nom.

Brou, placé au nombre des monuments nationaux
à conserver par suite d'un décret de l'Assemblée
constituante, du 13 mars 1791, a été préservé de
sa ruine par les démarches et les instances de
M. Thomas Riboud, alors procureur général, syn-

dic de l'administration du département de l'Ain ;
cette église a supporté, néanmoins, des mutilations regrettables , notamment la démolition de
la partie supérieure de son clocher, en 1793.

On doit aussi sa conservation intérieure au
même magistrat qui eut l'heureuse idée de propo-
ser, dit-on, aux autorités militaires, d'y faire em-
magasiner un vaste approvisionnement de foin,
destiné à notre armée des Alpes.

Cet entrepôt fut organisé par l'arrêté des repré-
sentants du peuple Dubois-Crancé et *Gauthier
(des Orcières)*, daté de Lyon, le 27 août 1793.
Ce dernier représentant, citoyen de la ville de
Bourg, s'associa avec empressement à cette mesure, dans l'intérêt du monument et de son pays.

L'église et le couvent ont été cédés au département, à charge d'entretien, par un décret impérial
du 3 septembre 1808.

En 1814, le culte religieux fut rétabli à Brou.
C'est pour perpétuer ce souvenir qu'on a placé une
inscription, en lettres d'or, sur une tablette en

marbre noir, appliquée sur le mur septentrional du sanctuaire, près du maître autel.

En 1823, le Conseil général du département de l'Ain, ayant émis le vœu de céder au diocèse de Belley l'église de Brou et ses dépendances pour l'établissement du Grand-Séminaire, il a été gravé une autre inscription fixée sur le mur méridional, en face de la précédente.

XI.

La dépense totale de l'édifice s'est élevée à 220,000 écus d'or anciens qui, à raison de 35 f. 4977 de notre monnaie actuelle, représenteraient près de 8,000,000 de francs.

Le marc d'or qui, en 1520, valait 147 livres, et aujourd'hui 145 f. 18, contenait 71 écus d'or; l'écu d'or valait donc à cette époque 2 f. 0448; mais ce qui valait 1 f. vaut maintenant 17 f. 36 par suite de la diminution du poids et du titre, combinée avec la dépréciation résultant de l'abondance des métaux. L'écu d'or de 2 f. 0448 correspondant, de nos jours, à 35 f. 4977, il en résulte que les 220,000 écus d'or valent aujourd'hui 7,809,494 f. (1).

XII.

Les matériaux employés ont été tirés :

Le marbre blanc, de Carrare (Italie).

Le marbre noir, de Saint-Lothain-ès-Poligny (Franche-Comté).

L'albâtre, de Vaugrigneuse en Bresse.

La pierre de taille, de Ramasse, de Gravelle (Bresse et Bugey).

Le moellon, des carrières de Jasseron et de Tréconnas (Bresse).

Les briques et tuiles ont été fabriquées, sur place, à Brou.

Les bois durs sont sortis des forêts de Malaval, de Bohaz, du Chatelet, du Chatillonet, de Chaffour et de Seillon (Bresse).

----

(1) *Documents inédits sur la conservation de l'église de Brou*, par M. Philibert Le Duc, 1857.

Les bois de sapin, des montagnes du Bugey.

On ignore encore où l'on a fabriqué les verrières et quels sont les artistes qui les ont peintes,
ainsi que les pavés émaillés du chœur.

CHAPITRE II.

Portes de l'église. — Façades extérieures. — Statues. — Intérieur de l'église. — Piliers. — Voûtes. — Chœur. — Jubé. — Galeries.

I.

L'église a trois entrées : 1° la porte principale de *Saint-Nicolas-de-Tolentin*, située à l'occident ; 2° la porte dite *Sainte-Monique*, au midi, conduisant du couvent à l'église ; elle sert aujourd'hui de passage au public ; 3° le portail *Saint-Augustin* se trouve à l'extrémité septentrionale de la croisée et regarde la ville : cette porte a été condamnée depuis longtemps.

Chacune de ces trois portes est ornée, sur une

colonne extérieure, près du tympan, d'une statue *de son patron*, sculptée en relief, de grandeur naturelle.

II.

La façade principale, à l'occident, qui a 35 ^{m} 58 de largeur, est très-pittoresque, sans présenter, toutefois, un ordre particulier d'architecture. — Elle se compose de trois frontons triangulaires contigus; celui du milieu plus élevé que les deux autres, surmonte un porche surbaissé, ou *portail à anse de panier* très-aplatie, avec deux petites portes en bois. Au-dessus de ce fronton existe une balustrade élégante, ou galerie à claire-voie, au-devant de laquelle s'élève la statue de *saint André*, patron de la Bourgogne, en mémoire de la patrie et de la famille de la fondatrice.

Ce saint est appuyé sur sa croix: il porte en plein le cachet de *la Renaissance*. On reconnaît dans cette structure l'influence de l'école italienne.

III.

On voit sur le pilier, qui sépare les deux petites portes d'entrée, une statuette de *saint Nicolas de Tolentin*, vêtu en ermite, le pied appuyé sur la boule du monde.

A sa droite, *saint Pierre* tenant un livre et les clefs du paradis; à gauche, *saint Paul*, tenant une épée de grande dimension. Chacune de ces statues a, au moins, un mètre de hauteur.

Au-dessous, dans le tympan de la porte, on compte *neuf statues en plein relief.* Un *Ecce homo* occupe le centre; il est placé dans une niche à jour. A gauche, se tient *Philibert* à genoux, avec son *patron debout.* A droite, *Marguerite d'Autriche*, dans l'attitude de la prière, *avec sa patronne aussi debout.* Quatre *anges* ou *génies ailés* soutiennent, chacun, l'extrémité d'une table en pierre blanche, verticalement posée pour recevoir des inscriptions qui manquent.

Au-dessus du portail il existe trois fenêtres

dont une seule, celle du milieu, éclaire l'église. Il
règne, sur ces fenêtres, une seconde galerie également à claire-voie, surmontée de quatre ouvertures, dont l'une, au centre, est à rosace et les
trois autres en triangle, emblème de la Sainte-
Trinité.

Ce portail est terminé par un pignon triangulaire, dont les côtés sont formés de deux courbes
en festons. Le sommet du fronton principal, dis-
simulant la toiture, est orné d'un grand fleuron entre deux colonnes à bases et chapiteaux,
sur lesquelles sont assis des lions portant les
armes de Bourgogne.

Les deux corps latéraux se composent, chacun,
de pignons aigus, ayant deux fenêtres ogivales
éclairant le rez-de-chaussée, avec une ouverture
au-dessus, de chaque côté. Ces ouvertures sont
d'une coupe presque inexplicable: elles sont à
jour, formant des triangles allongés, dont l'un
des côtés est vertical et les autres en arc de cercle,
avec cette circonstance que la partie inférieure
n'est pas *complètement horizontale;* il se relève,

sur la ligne et extérieurement, pour atteindre le troisième côté à peu près circulaire. C'est, sans doute, un caprice du dessin.

Six contreforts gothiques, deux grands et quatre petits, ornés de chapiteaux *Renaissance*, consolident cette façade plus haute que large, présentant la figure d'un vaste triangle rectangle.

Depuis le sol jusqu'au faîte, les murs étalent un luxe d'ornements d'une exécution irréprochable. On ne voit qu'arabesques, ogives, trèfles, lacs d'amour, fleurs, nœuds, chiffres, bâtons noueux, dont la magnificence n'a d'égale que celle du chœur de l'église.

Les façades extérieures et latérales sont moins riches; les pignons sont aussi plus aigus, d'un aspect plus sévère, mais en rapport avec le style général. Les portes en bois sur ces façades, ont également deux ventaux.

Au-dessus de l'arcade surbaissée de chaque porte, au nord et au midi, il existe une galerie à claire-voie. Les pignons sont surmontés d'un beau fleuron entre deux colonnes, comme sur la façade principale.

IV.

En entrant dans l'église, on est frappé de la clarté qui y règne. Cette lumière est augmentée par la blancheur naturelle des pierres : on dirait que l'église vient d'être réparée. La pierre grenue dont elle est construite, se durcit à l'air et prend une couleur rosée du plus beau ton.

Il y a trois nefs : une grande et deux petites. La grande nef est majestueuse ; elle est plus longue que la croisée, c'est-à-dire que l'église représente une croix latine.

La longueur, depuis la porte principale d'entrée jusqu'au chevet, est de 70 mètres ; sa largeur est de 37 mètres au transept, et la hauteur, sous voûte, de 20 mètres.

L'orientation y est régulière. Les deux nefs latérales ne communiquent pas entre elles derrière le chevet. Le chœur, terminé par une abside, est séparé, par un *jubé*, du reste du vaisseau de l'église. Il existe deux bras de croix et deux rangées de petites chapelles sur les bas côtés.

V.

On compte vingt piliers qui soutiennent le temple, compris les deux piliers sur lesquels les murs du chœur sont appuyés, vers le jubé. Chaque pilier, d'environ deux mètres de diamètre, est composé d'un faisceau de colonnettes élancées qui viennent s'épanouir, en nervures, à la voûte. Ces nervures sont cylindriques et prismatiques, sans chapiteaux ni tores à la base des archivoltes.

Les courbes de l'ogive seule occupent à peu près la moitié de la hauteur totale de l'église. La ligne verticale montant droite, jusqu'a la naissance des voûtes, et là se recourbant, sous la voûte, jusqu'à la clef, sans être coupée par aucun cordon, c'est là, dit-on, le plus beau type du système ogival.

Les nefs collatérales sont un peu moins élevées que la nef principale et moins larges: elles sont aussi d'un aspect plus sévère. Leurs nervures et les arcs doubleaux, qui soutiennent et partagent la voûte, semblent être plus hardis et plus fermes que ceux de la nef centrale.

Dans les dernières nefs, sont placées huit chapelles, quatre de chaque côté, éclairées par de grandes verrières incolores, encadrées dans la pierre ouvrée, d'un excellent effet.

VI.

Le chœur a quatre travées, et chaque voûte a cinq clefs. — Le sanctuaire est couvert de doubles travées à huit clefs. — Le reste de la voûte est à l'avenant.

Cette complication est telle qu'on croit voir là une coquille gigantesque creusée de cannelures innombrables. — Les clefs de voûte sont ornées de cartouches, d'emblèmes, d'initiales et d'armoiries coloriées et dorées. On y remarque souvent les lettres *P. M.* (Philibert Marguerite), retenues par des entrelacs élégants, et les *deux bâtons*

noueux en sautoir, avec un briquet et trois la-
mes de feu au-dessous, qui rappellent la querelle
de Jean de Bourgogne avec Louis, duc d'Orléans,
au XVᵉ siècle. C'est encore un souvenir de famille.
Cet emblème se voit avec profusion sur toutes les parties extérieures et intérieures de
l'église (1).

VII.

Le chœur est éblouissant dans cette église

---

(1) Pendant la maladie de Charles VI, le royaume
de France fut divisé en deux factions : l'une avait pour
chef *Louis, duc d'Orléans*, qui, comme frère du roi,
prétendait à la régence ; l'autre tenait pour *Jean, duc
de Bourgogne*, oncle du roi. — Le duc d'Orléans prit
pour devise *deux bâtons noueux en sautoir*, avec ces
mots : *Je l'envie*, laissant à comprendre *qu'il frapperait
des coups si forts qu'il l'emporterait sur son concurrent.*
Celui-ci, de son côté, prit un *briquet*, avec cette devise :
Prius ferit quam flamma miscet, exprimant ainsi *que le
feu devait jaillir du premier coup frappé.* — D'autres
pensent que la figure du *briquet* peut être prise pour
un *rabot* avec lequel le duc de Bourgogne disait, avec
dérision, qu'il effacerait les nœuds des bâtons noueux.
— On sait que Louis d'Orléans fut assassiné à Paris,
le 23 novembre 1407, par ordre du duc de Bourgogne.

aristocratique et princière : stalles, vitraux, tom·
beaux, ornements, tout respire *l'individualisme
de la pensée* à laquelle ce monument doit son origine. Nous allons en détailler toutes les parties.

Au mur de l'abside, sous l'admirable vitrail qui
le décore, il existe une moulure, courant à hauteur
d'homme, qui est un prodige d'adresse et de légè-
reté. Cette moulure se détache à jour, en grosses
lettres, portant la devise déjà expliquée plus haut :

FORTVNE INFORTVNE FORT VNE.

VIII.

A la croisée de l'église se trouve le jubé. Il a 12
mètres de largeur sur 8 mètres de hauteur, compris le couronnement. Il repose sur quatre piliers
carrés *à colonnes appliquées*, formant trois arcades surbaissées et un portail ouvrant sur la grande
nef. Une porte en bois sculpté, à colonnettes,
style Renaissance, donne accès au chœur ; elle
fait face au maître-autel.

Sur ce jubé règne une galerie à jour ou couloir ayant environ un mètre de largeur et conduisant, à droite et à gauche, jusqu'au sanctuaire.

Du côté du nord, par une espèce de pont ou arcade, ce couloir conduit à *l'oratoire* de Marguerite, qui est une petite chambre à cheminée, de 4 mètres carrés, semblable à celle existant au-dessous, c'est-à-dire au rez-de-chaussée, et servant au même usage.

Du côté du midi, la même galerie mène au Grand-Séminaire. Elle conduisait, autrefois, à *l'oratoire* à cheminée du premier étage, auprès de la chapelle Sainte-Appoline, et de là à l'oratoire du rez-de-chaussée.

Ces deux derniers oratoires, supprimés depuis longtemps, sont fermés au public (1). En retour, vers l'orient, le même couloir masque le massif

_____

(1) Il existait donc *quatre oratoires à cheminées* (deux au rez-de-chaussée, et deux au premier étage, de chaque côté du jubé).

Cela résulte d'une relation des travaux de Brou, en 1527, où on lit ce qui suit :

« En après les deux chapelles de ma dicte Dame,

du clocher où l'un pouvait pénétrer par une porte donnant sur l'escalier de la tour.

Le jubé sépare complètement le chœur de la nef. Il est orné de *sept* statues de marbre blanc, d'environ 80 centimètres de hauteur. Au milieu, un *Ecce homo* ayant à sa droite *saint Nicolas de Tolentin*, patron de l'église ; *sainte Monique*, mère de saint Augustin, chef de l'ordre des religieux du couvent de Brou ; puis, un autre *Ecce homo* accompagné, à gauche, de *saint Augustin*, *de saint Antoine et de saint Pierre*.

Il existe, sous le premier cordon de la façade,

« dont la principale c'est la *chapelle de la Vierge*, est à « 13 clez, etc.

« *Item* la seconde chapelle, de l'aultre des coustez, « qu'est la chapelle *Saincte-Apolligne* est à 8 clez, etc.

« Et dernier (derrière) les dictes deux chapelles y a « quatre oratoires, deux dessus et deux dessoubz, cha- « cung sa cheminée ; et chascune volte des dicts ora- « toires a cinq clez fullatières armoyez que dessus et « chascun sa fenestre pour veoir au grant haustel lever « *Corpus Dominus*, etc. »

(*Première partie des matériaux pour servir à l'histoire de Marguerite d'Autriche*, par M. le c^te de Quinsonas. Paris, 1860, p. 380.)

adossées aux quatre piliers , *quatre statuettes,*
de 30 centimètres de hauteur , devant des niches
élégantes.— *Quatre autres statuettes,* de 20 centimètres, sont sculptées un peu plus bas sur cette
façade, au-dessus de l'arcature cintrée du monument. — L'ensemble est d'un goût parfait.

Il est impossible de décrire la multitude d'ornements découpés qui embellissent ce jubé si riche et
si curieux. On y remarque des pampres, des rai-
sins, des feuilles de chêne avec leurs glands; on
dirait une véritable dentelle en pierre.

IX.

Une tribune ou galerie, aussi à jour, fait le
tour de l'église à la naissance des voûtes. L'ornementation en est uniforme et indique sans doute
l'unité, dans la symbolique chrétienne. La galerie du premier étage sur le jubé présente aussi,
à l'œil du visiteur, une superbe balustrade
sculptée à ogives ou trèfles, d'une exécution
irréprochable.

2

CHAPITRE III.

Tombeaux. — Stalles en bois. — Chapelles. — Autels. — Tableaux. Oratoires. — Vitraux. — Pavage.

1.

En livrant à Marguerite d'Autriche les plans de l'édifice entier de Brou, en l'année 1505, Perréal n'avait fait qu'ébaucher les dessins des trois tombeaux que l'église devait renfermer. Il fallait mûrir les projets pour répondre dignement aux intentions de la veuve de Philibert-le-Beau.

Ce ne fut qu'en 1509, à son retour d'Italie, que l'éminent artiste, qui avait accompagné Louis XII à l'armée, contre les Vénitiens, annonça à Madame

qu'il s'occupait des dessins des trois mausolées
de Brou. « Sy me suis mis après, lui écrivait-il,
« tant pour mon debvoir envers vostre Majesté,
« que pour l'amour que je vous dois, et *ay reviré*
« *mes pourtraictures, au moins de chouses anti-*
« *ques que j'ai eu ès parties d'Italie, pour fayre*
« *de toutes belles fleurs, ung trossé bouquet dont*
« *j'ay monstré le jet audict Lemaire, et mainte-*
« *nant, fays les patrons que j'espère arez en*
« *bref, etc., etc.* » (Voir cette lettre aux preuves,
pièce B.)

Madame, satisfaite de ces *dessins et patrons*
qui lui parvinrent à Bruxelles, fit délivrer à leur
auteur, dans la même année, d'abord, une première somme de 9 écus d'or au soleil, et le 27 juillet 1510, une seconde somme de 60 écus d'or,
motivée sur les arrérages de trois annuités de
pension qui lui étaient dus, de 1507 à 1509, *et*
mesmement, dit-elle, *à cause des pourtraicts par*
lui faicts et qu'il nous a derrenièrement envoyés
par Jehan Lemaire, nostre indiciaire (historiographe) *pour dresser les sépultures que faisons*

fere en nostre couvent de Saint-Nicolas-de Tolentin, de Bourg en Bresse, etc., etc. (Voir aux preuves, pièce C.)

L'année suivante, Marguerite accordait à Perréal, son peintre, le titre de *contrerolleur de l'édifice de Brou* et une récompense plus précieuse encore, *l'inscription de son fils au rôle des bénéfices du comté de Bourgogne.* (Pièce D.)

De cette époque datent ses rapports artistiques avec Michel Colombe (1), pour la construction de l'église et des tombeaux de Brou. En effet, Michel Colombe se chargea de *faire, en petit et de sa main, la sépulture de Philibert-le-Beau,* c'est-à-dire *le modèle réduit, en terre cuite,* qu'il devait faire exécuter *en grand,* à Brou, par deux de ses neveux, Guillaume Regnault et François Colombe, si la mort n'était venue le surprendre, en 1512, lui et François Colombe. Ce modèle, d'*un pied et demi*

(1) Michel Colombe est l'auteur du tombeau de François II, duc de Bretagne, dans l'église des Carmes, à Nantes, 1507.

de longueur, avec les *vertus* (génies) d'*un demi-
pied, et les aultres imaiges à la correspondance,*
furent remis à la fondatrice et exécutés en 1526, par
Conrad Meyt, statuaire (1), qui n'y apporta d'autre
changement que la pose du personnage couché,
pour *le vif* (vivant) au lieu *de l'élévation* (à genoux),
comme le portait le modèle de Colombe.

Cet habile *tailleur d'ymaiges* avait promis de
fournir *les deux aultres mausolées des princesses;*
ces derniers modèles, trouvés après sa mort, furent
achevés par Perréal, avant de les faire parvenir à
Madame, en 1512.

Le mausolée de Nantes, par Colomb, représente
le duc et la duchesse de Bretagne couchés sur
une tablette inférieure, et ayant, le duc, un lion,
et la duchesse, une levrette à ses pieds, comme à
Brou ; il s'y trouve aussi des génies, des statuettes,
une ornementation assez semblable à celle de
Brou, pour qu'on puisse admettre que c'est la

(1) Le marché du 24 avril 1526 était signé *Conrat.*

même main, le même artiste qui a érigé les tombeaux de Brou et celui de Nantes.

II.

Les trois tombeaux de Marguerite de Bourbon, de Philibert-le-Beau et de Marguerite d'Autriche, occupent une partie du chœur et presque le sanctuaire entier; ils sont placés près de l'abside, entre le jubé et le maître-autel qui a été rapproché le plus possible du chevet, afin de laisser un passage suffisant pour communiquer du collatéral nord à celui du midi.

Si la plus belle place a été ainsi réservée à Philibert, entre sa mère et sa femme, c'est que, dans la pensée de la fondatrice, ce temple est voué, avant tout, à l'amour filial, à l'amour conjugal. En cet endroit, c'est moins une église qu'un sépulcre.

Les personnages regardent l'Orient; leurs statues, en marbre blanc, sont de grandeur naturelle pour les deux duchesses, et plus grande que nature pour le duc.

Philibert et sa femme sont représentés deux fois, c'est-à-dire *morts et vivants.*

Marguerite de Bourbon seule est représentée *vivante.*

III.

Le tombeau de Marguerite de Bourbon est placé dans l'épaisseur du mur méridional du chœur, près de la petite porte d'entrée conduisant au Séminaire. On ne peut l'examiner que d'un côté, sous une voûte surbaissée, ornée d'un riche fronton triangulaire.

La duchesse, vêtue de son manteau de cérémonie, la couronne en tête, est étendue sur une table de marbre noir; un coussin brodé fléchit sous le poids de cette admirable tête coiffée d'une résille. Les mains sont jointes, les pieds appuyés sur une levrette; le visage est tourné du côté de

Philibert son fils. — C'est une œuvre d'art de la plus grande perfection.

La table de màrbre noir est soutenue par des piliers reposant sur une autre table près du sol. L'arcature, entre les piliers, *est aveugle*, c'est-à-dire sans jour; le massif, en albâtre, est couvert d'ornements et de statuettes en relief dans leurs niches : vers les pieds, on voit *sainte Marguerite*, patronne de la duchesse; — *sainte Agnès*, patronne de sa mère; du côté de la tête, *saint André*, patron de la Bourgogne, — et *sainte Catherine*.

Au-dessus du tombeau, il y a trois beaux fleurons servant d'ornements aux trois angles de l'arcade. Celui du milieu, plus élevé que les autres, se relie, par une longue tige, aux montants latéraux qui supportent une élégante corniche terminant le monument à la hauteur du premier étage du chœur.

Dans la cavité du mur ou cellule, on aperçoit quatre *génies* ou *anges ailés*, en marbre blanc, de 40 centimètres de hauteur, sculptés en plein relief et debout. Deux de ces génies tiennent, chacun, une pierre d'attente pour l'épitaphe. Un troisième supporte le chiffre de la duchesse; le dernier, l'écu de son mari.

On dit qu'il existait encore deux autres génies, d'une rare beauté, soutenant une tablette sur laquelle un membre de la Convention nationale, en mission à Bourg, voulut faire graver, en 1793, la Constitution de l'an III. — Dans cette intention, il fit enlever le groupe de l'église pour être transporté à Paris, mais il fut brisé dans le trajet.

On remarque dans les niches, sur le devant du tombeau, quatre *pleureuses* et cinq *génies*, de 33 centimètres de hauteur, dans l'attitude de la douleur et portant, chacun, des écussons. Les voiles qui couvrent la tête de ces pleureuses sont assez amples pour que le sculpteur se fût contenté d'indiquer seulement les visages; cependant, le scrupule est tel que les yeux de ces figures pleurent.

On voit encore de charmantes statuettes de reines, de sibylles, posées sur des consoles ciselées ; la finesse des détails va jusqu'à représenter, sur un cul-de-lampe, deux petits dragons jouant et se mordant la queue.

IV.

Le tombeau de Philibert-le-Beau, dont le statuaire Michel Colombe a fourni le modèle en petit, est un chef-d'œuvre du plus grand prix. L'exécution en grand, par Conrad Meyt, est d'une énergie et d'une science anatomique rappelant les meilleurs maîtres d'Italie.

Ce tombeau est voisin du précédent, à une distance d'environ 3 mètres, et sur le même alignement. Le duc, étendu *mort* sur une grande table de marbre noir, près du sol, est presque entièrement nu. — C'est bien l'image de la mort : ce cadavre, de plus de deux mètres de longueur, a les yeux éteints, la poitrine gonflée, les pieds engorgés, les bras pendants, les mains à demi ouvertes, et, pour plus de vérité, le marbre blanc veiné a des taches noires à plusieurs endroits.

Au-dessus, sur une autre table noire supportée par des piliers de 1 mètre 50 centimètres de hauteur, le duc est représenté *vivant*, couvert de son armure, de sa cotte de mailles et de son manteau à revers d'hermine; sa tête couronnée repose sur un carreau, ou coussin richement brodé. Le collier de l'Annonciade est suspendu à son col; le pied gauche éperonné est appuyé sur un lion; ses mains jointes sont inclinées du côté de sa mère, comme pour recevoir ses ordres au sujet du vœu de Brou, et sa tête tournée vers sa femme, semble lui en recommander l'exécution.

Le corps est entouré de six génies ailés, de 80 centimètres de hauteur, d'une physionomie attristée; les uns soutiennent une tablette gravée aux armes de Savoie; d'autres supportent l'épitaphe; un seul tient le sceptre et les gantelets; le dernier pose une main sur le casque et tient le marteau d'arme, de l'autre main (1).

_____

(1) On croit que ce tombeau n'a exigé que six pièces de marbre pour sa construction: une seule forme la

Six forts piliers de marbre blanc, à riches colonnettes , supportent six arcades cintrées et à jour (deux de chaque côté du corps et une à chaque extrémité).

Six autres piliers plus petits, adhérant aux précédents, soutiennent douze autres arcades également cintrées, d'une moindre dimension, et s'avançant vers l'intérieur du monument. Ces douze piliers sont appuyés sur la table de marbre noir reposant sur le sol de l'église. — On croit voir un élégant cercueil ouvert de tous côtés, et dont l'aspect sombre et mystérieux convient à la dépouille mortelle du duc.

Les arcades surbaissées sont ornées de moulures, de fleurons, de chiffres, d'initiales entrelacées; on remarque les lettres qui entourent le

figure du duc, le coussin et le lion; une autre forme les deux génies de la tête avec les écussons et la plinthe qui les supporte ; un troisième bloc a servi à faire les pieds de la statue ; le quatrième et le cinquième ont donné naissance aux génies placés près du corps ; enfin la table de marbre noir, qui porte tout cet appareil, est la sixième pièce. *(Le père Rousselet.)*

collier de l'Annonciade (FERT.), dont la significa-
cation la plus probable est celle-ci : *Fœdere et
religione tenemur* (1)

On a sculpté en relief, au pied de ce tombeau, un
grand nombre de *sybilles* parfaitement modelées ;
les unes accolées sur la base des piliers à deux
faces, les autres sur des piédestaux et des niches
à jour. Elles rappellent évidemment *les prophé-
tesses et les femmes illustres* qui portaient, autrefois, ce nom connu dans nos provinces. L'une des
plus célèbres de la Bresse, au XIIIe siècle, était
Sybille de Baugé, qui porta cette province dans la
maison de Savoie, par son mariage, en 1272, avec
Amé V.

V.

Le mausolée de Marguerite d'Autriche est placé
à 3 mètres de distance de celui du duc, et sous

---

(1) « *Nous sommes liés par l'alliance et la religion.* »
(*Hist. de l'église de Brou*, par M. Jules Baux. — *Monographie*, page 163, 1854.)

un dais à jour, immédiatement sous une arcade surbaissée qui sépare le chœur de la chapelle de la Vierge ; il est beaucoup plus élevé et plus compliqué que les autres. Il peut être vu de trois cotés, à droite et à gauche du personnage et par les pieds.

La duchesse *morte*, est étendue sur une table de marbre noir près du sol. La partie inférieure du monument représente aussi un cercueil, avec piliers et arcades soigneusement taillés et ornés.

La tête nue laisse flotter, en boucles ondoyantes, ces cheveux *orains* que les peintres ont tant vantés ; les épaules en sont enveloppées jusqu'à la ceinture. Marguerite est vêtue d'une longue robe à plis nombreux, peut-être *celle trouvée, naguères, dans son cercueil, c'est-à-dire, la robe de bure de l'ordre des Annonciades de Bruges, qu'elle portait par dévotion, et avec laquelle elle voulut être inhumée.* Elle a les mains jointes et les pieds découverts.

Au-dessus, la duchesse *vivante* et couchée, est vêtue de ses habits de fête, avec sa couronne ; les mains sont croisées sur la poitrine, les pieds appuyés sur une levrette.

Les traits du visage, doux et calmes, sont d'une grande pureté; cette tête magistralement sculptée, repose doucement sur un carreau, ou coussin garni de dentelle. — Auprès, dans la niche, deux génies debout tiennent les armoiries surmontées d'une autre couronne; deux autres génies, aux pieds, soutiennent l'épitaphe.

Les piliers qui supportent les arcatures du mausolée sont magnifiquement ornés de frontons, de nœuds, de chiffres, d'ogives, d'initiales, de marguerites en fleurs, de palmes et d'ornements d'une telle profusion que l'œil en est ébloui (1).

(1) On a cru voir, parmi les ornements de ce tombeau, *des plumes* au lieu *de palmes,* sculptées dans les groupes *de fleurs de marguerite,* comme un emblème des talents littéraires de Marguerite d'Autriche. Sans doute, cette idée est ingénieuse; mais il est douteux que la princesse ait ordonné elle-même cet *emblème de vanité,* et l'artiste n'aurait pas osé le faire figurer, sans un ordre exprès de *Madame, vivante en* 1527, date du mausolée. D'ailleurs, l'emblème dont il

Sur la partie supérieure du fronton, et des trois côtés, on lit la devise de la défunte :

Fortune infortune fort une.

Les statuettes qui entourent le tombeau sur leurs socles, ou dans les niches, sont nombreuses : on y voit *sainte Barbe et sa tour;* — *saint Nicolas portant un fanal et un livre;* — *saint Jean-Baptiste ayant un agneau sous le bras;* — *sainte Monique;* — *sainte Marguerite avec un dragon sous ses pieds,* et un grand nombre de *sybilles.*

Le pied gauche de la princesse présente une cicatrice rappellant l'accident qui, dit-on, a occasionné sa mort; mais le fait n'est pas prouvé.

---

s'agit n'a qu'une *barbe,* tandis que la plume en a *deux;* la palme forme une courbe très-prononcée; ce qui n'existe pas pour la plume. Enfin, au lieu d'un *tuyau étroit* à la naissance de la plume, on aperçoit une *grosse arête* ou *côte de feuilles, sans pointe,* comme la forte base d'une tige. Marguerite a bien pu s'attribuer *la palme du martyre* par suite des immenses douleurs de sa vie privée, attestées par le monument de Brou et la devise adoptée par cette princesse : *fortune infortune fort une.*

Cependant l'artiste n'ayant donné à la statue royalement habillée, qu'une *seule jambe*, il y a là une intention positive de faire croire à l'amputation de la jambe gauche qui manque.

En effet, d'après une légende du couvent de Brou, Marguerite alitée, dans son palais de Malines, ayant demandé à boire à l'une de ses demoiselles d'honneur, le vase de cristal qui lui fut présenté tomba à terre et se brisa en plusieurs morceaux. La princesse, chaussant ses pantoufles, se sentit piquée à la plante du pied gauche par un de ces fragments qu'elle arracha, sans y apporter d'autre soin. Peu de jours après, les médecins consultés sur l'état de la jambe enflée, déclarèrent que la gangrène s'y était portée, et qu'il *fallait au moins couper le pied.* Enfin, pour épargner à la duchesse la douleur de l'amputation, on prétend que les médecins lui auraient donné une trop *forte dose d'opium, et que le sommeil ne finit pas.*

Ce récit, en ce qui concerne l'amputation, paraît controuvé, parce qu'on a reconnu l'existence *des deux pieds et des deux jambes de Marguerite,* dans son cercueil ouvert en 1856.

Il est vrai que la jambe amputée a pu être placée, après l'opération, dans le cercueil de la princesse; il resterait donc l'empoisonnement par l'opium, non constaté par les auteurs contemporains. Corneille Agrippa, qui prononça, à Malines, l'oraison funèbre de la princesse, n'en a pas dit un mot. — Antoine du Saix, commandeur de Saint-Antoine de Bourg, a gardé le même silence dans son oraison funèbre prononcée à Brou.

La seule chose bien établie aujourd'hui est que Marguerite d'Autriche, atteinte d'un mal de jambe, éprouva, le 20 novembre 1530, un violent accès de fièvre : « *Le feu s'étant mis en sa jambe, incontinent est monté au corps.* » La gangrène ne put être arrêtée, et la princesse succomba, entre minuit et une heure, le 30 novembre, après avoir reçu les derniers sacrements (1).

---

(1) Les médecins auraient-ils donc exercé une si grande influence, qu'ils seraient parvenus à voiler cette

Le 17 septembre 1856, on a mis à découvert la crypte funèbre de Brou, où sont déposés les trois cercueils que recouvrent les trois magnifiques tombeaux que nous venons de décrire.

Elle n'avait pas été ouverte depuis la première inhumation, c'est-à-dire depuis 324 ans ; on pouvait donc pressentir la détérioration des cercueils. Une visite souterraine eut lieu et fit découvrir que l'oxydation du fer des chevalets, supportant ces cercueils, les avait dégradés au point de nécessiter leur remplacement. Le cercueil du duc, solidement enveloppé d'une forte feuille de plomb, avait, seul, résisté à l'action destructive du temps. Les deux cercueils des princesses, rompus et brisés dans leur partie inférieure, se trouvèrent presque vides. Les ossements dispersés sur le

catastrophe dans l'histoire, au point de la rendre impénétrable jusqu'à ce jour ? D'autre part, comment admettre que le statuaire ait commis une si grossière erreur sur le tombeau de Marguerite d'Autriche, à Brou, sous les yeux de l'administration locale, et de ceux des religieux qui ont dû connaître la vérité ?

sol, ont été recueillis avec soin, par un médecin, et disposés dans de nouveaux cercueils.

On a trouvé dans le cercueil de Marguerite d'Autriche, la robe de *sœur de l'Annonciade*, ordre religieux qu'elle avait fondé à Bruges en 1517; il paraît qu'elle voulut être ensevelie, à l'heure de sa mort, avec cette robe, comme un témoignage solennel de son dégagement volontaire des affections terrestres.

Un procès-verbal régulier, du 1er décembre suivant, a constaté cette opération, faite en présence d'une commission spéciale présidée par M. le comte Coëtlogon, préfet de l'Ain, assisté de Mgr Chalandon, évêque de Belley, et de M. le comte de Somis de Chiavrie, intendant général, délégué de S. M. le roi de Sardaigne Victor-Emmanuel II.

La date de 1532 qu'on aperçoit sur le bord du manteau de Marguerite est celle de ses funérailles, et, aussi, celle de l'achèvement de son mausolée.

Ce millésime rappelle encore que le 22 mars de

la même année, Jean Joly de Fleury, évêque d'Ebron, *in partibus*, consacra l'église quoique non achevée. A partir de ce jour le service divin y fut régulièrement célébré.

Enfin, les trois tombeaux ont été entourés, chacun, d'une grille de fer, ornée de la devise de Marguerite. Ces grilles, destinées à préserver ces monuments de l'indiscrétion des visiteurs, ont été exécutées par Benoît Fuma, *serrailler* (serrurier) de Bourg, en 1548. Celle du mausolée de Philibert-le-Beau a été remplacée, depuis, par une autre grille plus élégante et plus légère que l'ancienne.

VI.

En entrant dans le chœur de l'église par le jubé, on voit d'abord les stalles en bois, au nombre de 42; elles sont placées des deux côtés du chœur, sur deux rangs séparés par une estrade qui a pour but d'élever du sol les siéges adossés aux murs.

Chaque panneau ou lambris est séparé de celui

qui le joint par quatre colonnettes à bases gothiques, à fûts coudés et couverts de feuillages et
d'ornements sculptés s'élevant jusqu'aux cor-
niches supérieures. Les centres des panneaux
sont occupés par une suite de niches abritant, chacune, un personnage de 35 à 40 centimètres de hauteur; tous ces personnages sont posés sur des
piédestaux à colonnes de diverses formes, mais de
même dimension.

Ces statuettes, d'un style élevé, contrastent avec
les figures des régions inférieures. Il y a au-dessous toute une population de grotesques, qui s'agite
et mime des dialogues peu naïfs. Ainsi, un singe,
à cheval sur une cloison, fait des grimaces à un
moine juché sur la cloison voisine et lisant son
bréviaire.—Un soldat, à barbe inculte, semble s'a-
dresser à une fille accroupie de froid, qui cache
ses mains sous ses aisselles; plus loin, une vierge
folle, portant une tête de mort sur ses genoux,
tire la langue à un religieux dont le capuchon
laisse passer des oreilles d'âne. — Un capucin
étreint, avec bonheur, dans ses bras, une outre

remplie de vin qui jaillit dans sa bouche. — Un autre fustige vigoureusement, avec de fortes verges, une femme nue qui lui mord le talon. — Enfin, presque tous les bras des stalles sont des personnages grimaçant ou à figures de singe. — Sous les banquettes le grotesque redouble, et les groupes ont des allures licencieuses et bachiques. — C'est le style moyen-âge, c'est l'époque où la satire ne connaissant plus de frein, flagellait le clergé séculier, auquel l'artiste prêtait tous les vices et les ridicules, selon sa joyeuse ou sa mauvaise humeur.

Revenons aux personnages placés près des lambris, et essayons d'en donner la description d'après l'ordre adopté par le père Rousselet (1), en

---

(1) Le père Pacifique Rousselet, augustin réformé, dernier prieur de Brou, a écrit l'*Histoire et Description de l'église de Brou*, en 1767.

C'est l'historien qui a donné les plus minutieux détails sur la *monographie* de cet édifice ; mais les documents historiques qu'il a consultés n'ont pas été puisés, toujours, aux sources les plus pures. Il a accueilli trop facilement les écrits et les légendes trouvés dans son couvent, et, aujourd'hui, son livre est fortement prévenant, toutefois, que les déplacements et les mutilations qu'ils ont subies ne permettront pas toujours une complète exactitude dans l'ordre établi.

En commençant par le côté droit du chœur, on voit 24 prophètes ou patriarches de l'Ancien Testament.

Ce sont: *Abraham* levant une main au ciel. — *Isaac* méditant. — *La force*, exprimée *symboliquement* par un homme ayant une barbe touffue. — *Jacob* luttant avec un ange. — *Isaïe* et *Jérémie* annonçant l'incarnation du Verbe. — *Aaron*, grand sacrificateur. — *Moïse* montrant les tables de la loi. — *Néhémie*. — *Ezéchiel*. — *David* tenant une harpe. — *Daniel* vêtu en officier. — *Samuel* appuyé sur un bâton, tenant une épée comme juge d'Israël. — *Osée* montrant le ciel. — *Joël* lisant un livre. — *Amos*. — *Abdias*. — *Jonas* voyageur. — *Miché*. — *Nahum*. — *Habacuc* fuyant avec effroi.

---

modifié par les auteurs modernes, notamment depuis 1830.

— *Aggée* se reposant sur un bâton. — *Zacharie* montrant le ciel ; et *Malachie* qui semble compter sur ses doigts la venue du Messie.

Sur le lambris des stalles du même côté, il existe trois panneaux en relief : *Adam* endormi, pendant que Dieu tire une de ses côtes pour former la femme. — *Ève chassée du paradis par un ange qui tient une épée flamboyante.* — *Le meurtre d'Abel par son frère Caïn.*

La partie du lambris en retour, n'ayant qu'un seul panneau, représente l'*apparition de Dieu à Moïse dans le buisson ardent.*

A l'entrée du milieu des stalles, on voit sur la droite, *Manué, père de Samson, offrant à Dieu un holocauste en action de grâces pour la promesse qui lui a été faite par un ange, qu'il aurait un fils d'une force extraordinaire ;* dans le même panneau, paraît un ange qui *s'élève au ciel avec la fumée de l'holocauste.* A gauche, *Samson ayant une des portes de la ville de Gaza sous son bras, et l'autre sur ses épaules.*

Sur le panneau de la partie du lambris en retour,

placé à l'extrémité des stalles et du même côté, *c'est la victoire de David sur Goliath, au moment où ce prince lui coupa la tête.*

Le lambris à trois panneaux, qui n'est séparé du précédent que par le passage communiquant aux stalles, présente dans la partie inférieure: *l'histoire de la chaste Suzanne accusée par les impudiques vieillards, et conduite en prison par leur ordre.* — Au milieu, la *multiplication des vingt pains d'orge par le prophète Elisée.* — A la partie supérieure, le *sacre de Salomon par le prêtre Sadoc, accompagné de Nathan,* — *de Banaïas, capitaine de David,* — *d'un héraut d'armes et de plusieurs autres personnages.* — On aperçoit encore sur chacun de ces lambris, deux niches qui renferment, du côté de la grande porte du chœur, la *statue d'Aaron;* et à l'extrémité des stalles, *Moïse.*

Aaron paraît indiquer à *Moïse le meurtre d'Abel. Moïse regardant Aaron, lui montre le ciel; inclinant sa baguette vers la terre, il semble dire qu'un Dieu vengeur ne laissera pas ce crime impuni.*

Les stalles, à la gauche du chœur, sont garnies de figures représentant le Nouveau Testament. Elles sont également au nombre de 24.

En commençant en bas du chœur, vers la porte principale d'entrée, on reconnaît :

Saint Luc (un bœuf à ses pieds) montrant du doigt son Evangile ouvert. — *Saint Pierre.* (Cette statuette a été volée). — Antoine de Neuville, abbé de Saint-Just, donna inutilement, en 1660, un monitoire contre le voleur.

Saint Etienne en habit de diacre portant le livre des Evangiles. — *Saint Mathieu, avec un ange à côté de lui.* — *Saint Mathias ;* il semble s'entretenir avec *Zébédée,* qui le suit.

Saint Jean l'Evangéliste, ayant un aigle à ses pieds, et parcourant son Evangile appuyé sur son genou. — *Saint Marc,* son Evangile dans les mains, un lion à côté de lui. — *Saint Paul ;* il tient ses Epîtres de la main droite, son épée de la main gauche. — *Saint André* appuyé sur sa croix. — *Saint Jean* tenant une coupe d'où sort une couleuvre. — *Saint Thomas,* les Evangiles à la main, un petit sac à son côté. — *Saint Jacques le Majeur* tenant un bâton de la main gauche. — *Saint Jacques le Mineur*, avec son bâton. — *Saint Simon* portant les Evangiles de la main gauche. (Le bras droit est cassé.)

Saint Thadée, un bâton dans la main droite, les Evangiles dans la main gauche. — *Saint Barnabé*, appuyé sur le pilier auquel il fut attaché pour être lapidé. — *Saint Barthélemy* portant une scie de la main droite. — *Saint Philippe* ayant sous le bras droit le livre des Evangiles. — *Simon le pharisien*, une épée au coté. — *Jésus* enseignant ; il a un livre ouvert à la main. — *Jésus* voyageant, tient un bâton et paraît fatigué. — *Saint Jean Chrysostome* portant ses écrits de la main gauche. — *Saint Jude*, montrant le ciel d'une main et soutenant sa robe de l'autre.

Revenant aux lambris des stalles de ce côté, on remarque sur le panneau inférieur, près de la porte: *la naissance de l'enfant Jésus; il est couché sur la paille, assisté de saint Joseph et de la sainte Vierge, sa mère.* Sur le panneau du milieu, *c'est la nouvelle de cette naissance,* donnée par un ange, aux pasteurs, dont quelques-uns, éveillés en sursaut, semblent se hâter d'aller adorer le Messie.

Sur celui d'en haut , c'est *la présentation de l'enfant Jésus au temple*; la compagnie est nombreuse; on y distingue Marie et Siméon. Ce saint patriarche tient entre ses bras le Sauveur du monde.

Le panneau de la partie du lambris en retour représente l'*adoration des Rois.*

Vers l'entrée du milieu des stalles, on remarque, à gauche, *le massacre des innocents,* et à droite, *le Sauveur, encore enfant, assis au milieu des docteurs dans le temple de Jérusalem.*

En suivant les stalles jusqu'à l'extrémité, on voit sur la partie du lambris en retour, le *baptême de Notre-Seigneur par saint Jean, sur le fleuve du Jourdain.* Sur le panneau inférieur du lambris, se trouve *le jugement prononcé par J.-C. en faveur de la femme adultère;* ses accusateurs regardent ce que le divin Sauveur a écrit sur le sable.

Sur celui du milieu, est le *miracle de la multiplication des cinq pains et des deux poissons qui servirent à J.-C. pour nourrir cinq mille hommes.*—Le plus élevé représente *l'entrée solennelle de J.-C. dans Jérusalem ;* on y remarque un grand concours d'habitants portant des palmes et étendant leurs manteaux sur le passage du Sauveur.

Les deux figures qui correspondent à celles d'Aaron et de Moïse, qu'on a vues de l'autre côté des stalles, sont : *saint Grégoire,* pape, au bas du chœur ; et à l'extrémité des stalles, *saint Jérôme donnant à manger à un lion qui se dresse pour le caresser.*

Le couronnement de ces boiseries est soutenu par des voûtes imitées de celles de l'église; ce sont des arcs doubleaux, des piliers à nervures, des écussons, des ornements réduits et sculptés du meilleur effet.

VII.

Sous le jubé, et de chaque côté de la porte d'entrée conduisant au chœur, sont établies deux petites chapelles avec leurs autels en pierres nues, où l'on disait, jadis, la messe pour le peuple assemblé dans la grande nef.

Là, l'ornementation, simple et sévère, contraste singulièrement avec la richesse du jubé et du chœur. — C'est la conséquence naturelle du système féodal. — Le sanctuaire pour Dieu. — Le chœur et ses chapelles pour les prêtres, les nobles et les grands. — Les nefs pour les vilains.....

Sur l'autel du côté nord, il existait, dit-on, un bon tableau à l'huile qui a disparu. Il a été remplacé par une modeste toile, datée de 1629, représentant *saint Nicolas de Tolentin, entouré de 10 médaillons rappelant ses miracles.* (Voir l'art. spécial concernant ce saint.)

L'autre tableau, sur l'autel situé au midi, représente *sainte Monique causant avec saint Augustin.* Des livres couvrent une table garnie d'un tapis, d'une plume et d'une écritoire. On lit au bas:

Augustinus et Monica colloquebantur soli

valdè dulciter de vitâ æternâ sanctorum. (Augustin et Monique s'entretiennent seuls et très-paisiblement, de la vie éternelle des saints.)

Le maître-autel, placé un peu en avant du rond-point, entre le chœur et l'abside, est moderne. L'ancien tabernacle et le retable ont été brisés pendant la première révolution française. Il existait une copie d'un beau tableau de *la Vierge*, qui se trouve dans l'église de Sainte-Marie-Majeure à Rome, et qu'on dit être l'œuvre de l'évangéliste saint Luc.

Ce tableau, auquel étaient attribuées des grâces spirituelles nombreuses, paraît avoir été convoité par Charles-Quint. Après la mort de sa tante, ce prince le fit retirer de Brou, moyennant une indemnité de 300 livres tournois devant servir à le remplacer par une peinture commandée au plus habile artiste de Lyon (1). Le cardinal Antoine Perrenot

(1) Voir la lettre du 21 février 1531, des exécuteurs testamentaires de Marguerite d'Autriche aux prieurs et religieux de Brou, dans laquelle on lit ce passage :

« . . . . A ce vous ferons adresse de iii˟ livres tourde Grandvelle se chargea de ce soin ; il fit exécuter le nouveau tableau par un peintre de sa maison. Ce tableau a décoré le maître-autel de Brou, de 1574 jusqu'en 1793, et se trouve, aujourd'hui, dans la chapelle de Gorrevod. Il représente l'*ermite saint Nicolas de Tolentin entre saint Augustin et sainte Monique.* (Voir sa description à l'article de la chapelle de Gorrevod.)

Le nouvel autel du chœur a été posé en 1830. Il est en marbre blanc, de forme tumulaire. Les plans sont de M. Pollet, architecte à Lyon. Le devant de l'autel est formé de plusieurs petites ogives à colonnes jumellées avec bases et chapiteaux. On lit sur la corniche ornée de pampres de vigne, ces mots entrelacés, en caractères gothiques : *Ego*

« noys en Bourgoigne, sur l'année courant, *pour le ta-*
« *bleau que l'Empereur a eu,* dont ferez fere ung beau
« tableau à Lyon, pour le grand hautel, etc. » (Documents authentiques et inédits sur l'église de Brou,
pièce xxv, à la suite des *Recherches historiques et ar-*
chéologiques sur l'église de Brou, par M. Baux, in-8,
Bourg, 1844, p. 150).

sum panis vitæ. (Je suis le pain de la vie). — Les
renfoncements de l'autel sont garnis, à droite,
du chiffre *de saint Martin*, patron du séminaire
de Brou, et à gauche, de celui *de saint Nicolas*,
patron de l'église. — Les marches et le pavé
du sanctuaire sont en marbre blanc et noir.
Ce maître-autel est garni de quinze statuettes en
bronze doré, représentant *le Sauveur et ses douze
Apôtres*, plus *saint Marc et saint Luc*. — Ces statuettes sont sorties des ateliers de M. Legendre-
Hérald, de Lyon. — Le tabernacle doré est surmonté d'une croix; six candélabres gothiques
complètent l'ornementation.

La chapelle de *l'Assomption de la Vierge*, au
nord, est d'une rare magnificence. — Elle a 7 m. 20
de largeur et 7 m. 10 de longueur. — La voûte a
13 clefs ornées de blasons peints et des chiffres de
la fondatrice. — Un retable sculpté et appuyé sur
le mur oriental, représente *les sept joies de Marie*;
il est formé d'une seule pierre d'albâtre, d'environ
6 mètres de hauteur sur 4 de largeur; il est taillé
en plein relief; partagé en deux parties égales,

par le milieu ; ayant six cellules et trois étages. Chacune de ces cellules renferme un mystère.

Dans la première, à gauche sur l'autel, on voit *l'Annonciation.* — L'ange Gabriel annonce à Marie l'incarnation du Verbe ; elle est agenouillée devant un prie-Dieu, tenant un livre. L'ameublement princier, et notamment le petit lit si élégant qu'on y remarque, contrastent avec l'idée qu'on se fait de la modeste demeure du charpentier Joseph; mais il ne faut pas oublier que c'est ici l'œuvre d'une souveraine qui voulut traiter la vierge *en Reine de la terre.*

Du côté droit, *la Visitation.* — Personnages : *Marie,* — *saint Joseph,* — et *sainte Elisabeth.* Au deuxième étage, à gauche, *la Nativité.* — L'un des bergers tient une musette sous son bras. — De l'autre côté, *l'adoration des rois.* — Au-dessus, *l'apparition de Jésus-Christ* à sa mère, après sa résurrection; et *la descente du Saint-Esprit sur la Vierge, les Apôtres et les disciples assemblés dans le cénacle.* — Dans le milieu se trouve *l'Assomption.* — La Vierge monte au ciel,

les mains jointes, les pieds appuyés sur un croissant et entourée de petits anges. — Au-dessous,
il y a un *tombeau entr'c·wert, un saint* et *une
sainte à genoux.* — Au sommet de la cellule :
Dieu le père attendant Marie pour la couronner.
Enfin, *trois statues,* de plus grande dimension,
terminent le retable. Ce sont : *Marie tenant l'enfant Jésus.* — *Sainte Madeleine portant un vase
de parfums,* — et *sainte Marguerite,* patronne de
la princesse.

On ne peut détailler les mille petits sujets qui
accompagnent l'ornementation prodigieuse de ce
retable. Citons, cependant, dans une gorge de
l'arcature, un petit escargot, sorti de sa coquille,
et se promenant sur une grappe de raisin. — Un
singe renversé portant la main à sa bouche,
sculpté dans la retombée d'une arête de trèfle.

Aux angles de cette chapelle sont adossés *saint
André* et *saint Philippe,* en albâtre, presque de
grandeur naturelle.

Le pourtour du mur nord est garni de panneaux
ou lambris de marbre blanc sculptés aux initiales

P. M. unies par des lacs d'amour. Les bancs sont en marbre noir, et forment des stalles fixes.

Le larmier ou piscine en albâtre, à droite de l'autel, est aussi sculpté et orné des mêmes initiales, aux armes de la princesse.

En face de l'autel de la Vierge, qui n'offre rien de particulier, se trouve *un oratoire* à cheminée, entièrement semblable à celui du premier étage donnant sur la galerie du jubé. On y a pratiqué, dans l'épaisseur du mur de refend, une arcade surbaissée, taillée en biais, d'une coupe très-curieuse, afin de voir le prêtre à l'autel et d'ouïr la messe.

Immédiatement après cet oratoire du rez-de-chaussée, on entre dans la chapelle dite des comtes de Pont-de-Vaux, dont le fondateur est Laurent de Gorrevod, maréchal de Bourgogne, gouverneur de Bresse. Cette chapelle porte aussi le nom de *Notre Dame de Pitié.* (Sub titulo gloriosæ Virginis *Mariæ de pietate.)* Elle a 7 m. de longueur.

Cette fondation date du 25 février 1520. — On voyait, avant 1793, la statue en bronze de Laurent de Gorrevod, de grandeur naturelle, couchée sur une table de marbre noir, ayant, à sa droite, sa première femme, Philiberte de la Palud, avec un petit enfant dans ses bras; et à sa gauche, sa seconde femme, Claudine de Rivoire, qui fit élever ce mausolée en 1533; les pieds du comte étaient appuyés sur une levrette; ceux des deux comtesses, sur un lion. Les quatre angles de ce tombeau étaient supportés par quatre anges ailés. On y voyait suspendus, le casque, l'épée et l'écu des Gorrevod, *d'azur au chevron d'or*, ayant deux lions d'or pour supports, et *une lionne d'argent* pour cimier, avec cette devise: *Pour jamais.*

Ce monument en bronze a servi à fondre des canons.

L'autel est formé de la pierre nue de l'ancien maître-autel, apportée là depuis l'année 1800; le tableau qui représente *saint Nicolas de Tolentin entre saint Augustin et sainte Monique* décore cet autel abandonné; il porte l'inscription suivante:

« *Divus Carolus Quintus imperator invictis-*

« *simus, hœres serenissimœ D. Margaritœ Aus-*
« *triœ, ducissœ Sabaudiœ, comitissœ Burgun-*
« *diœ, ex legato ejusdem in hâc ecclesiâ, quam*
« *suœ sepulturœ elegit, ab eâ fundatâ, hanc*
« *tabulam ornamentum altaris majoris, procu-*
« *rante illustrissimo ac reverendissimo Antonio*
« *Perrenot, S. R. E. cardinale Grandvellano pro-*
« *rege neapolitano, erigendam curavit, 1574.* »

« Charles-Quint, très-invincible empereur, hé-
« ritier de la sérénissime dame Marguerite d'Au-
« triche, duchesse de Savoie, comtesse de Bour-
« gogne, a fait placer, en 1574, ce tableau sur le
« maître-autel de cette église qu'elle a fondée et
« choisie pour le lieu de sa sépulture, par les soins
« de l'illustrissime et révérendissime Antoine Per-
« renot, cardinal de Grandvelle, vice-roi de Naples.

La chapelle de *Notre-Dame-des-sept-Douleurs*,
située à droite de la croisée, en entrant dans l'é-
glise, fait pendant à la chapelle de N.-D. de Pitié
qui est à gauche. Cette chapelle de N.-D.-des-sept
Douleurs a été fondée, le 14 avril 1521, par l'abbé

de Montcut (1), confesseur et aumônier de Marguerite d'Autriche. — Sa longueur est de 7 mètres.

L'autel n'a rien de remarquable ; le tableau qui le décore représente *la Vierge dont le cœur est traversé d'une épée.* Elle est assise entre deux anges, sous un portique, et semble prier Dieu qui apparaît au ciel, un globe à la main.

Les vitraux sont très-curieux. (Voir *cet article.*)

Il existait une chapelle, dite *du Prince,* au midi du chœur, qui portait le nom de *sainte Appoline* (voir la note, page 35) ; la voûte avait huit clefs avec armes, blason et devise, et, derrière, un oratoire *à cheminée;* mais cette chapelle et cet oratoire sont restés, depuis longtemps, sans usage et sont fermés au public.

Il y avait au-dessus un autre *oratoire* à cheminée qui sert, aujourd'hui, de chapelle particulière au couvent.

(1) *Dominus Anthonius de Montecutis, Abbas commendatarius sancti Vincentii Bisuntii, elemosinarius et confessor illustrissime domine Margarite de Austria.*

L'ancienne chapelle Sainte-Appoline qui a servi aussi de sacristie, n'a été citée, jusqu'ici, par aucun auteur.

Les huit dernières chapelles des bas côtés de l'église sont établies, dans chaque nef latérale, au nombre de quatre, toutes de mêmes dimensions (3 m. 35 c. de largeur sur 7 m. 15 c. de longueur.)

Au nord, commençant par le haut, se présente la chapelle de *deux saints Jean*, fondée par Jehan de Grammont, le 23 octobre 1520. Marguerite avait consenti à l'inhumation de ce seigneur dans cette chapelle, sous la condition formelle que ses armoiries ne figureraient pas sur les verrières. Les héritiers devaient les suspendre au tombeau. Cette mesure devint générale à l'égard de tous les fondateurs des chapelles situées en cet endroit de l'église.

L'autel était décoré d'un tableau qu'on voit encore aujourd'hui. Il représente: 1º *saint Jean Baptiste,* assis au pied d'un arbre, faisant boire son agneau dans une coquille qu'il tient à la main. 2º *Saint Jean l'évangéliste* tenant un livre et une plume; il semble inspiré de la Vierge qui apparaît au ciel, les pieds appuyés sur un croissant.

La chapelle joignant la précédente a été consacrée, sans doute, à *saint Louis* L'autel est nu ; le seul ornement qui s'y trouve, consiste en un tableau représentant un guerrier à genoux dans une forêt, casque en tête, vêtu d'une cotte de mailles recouverte de la robe noire d'un moine. Une chaîne de fer entoure ses épaules; un chapelet pend à sa ceinture. Devant lui, on voit deux couronnes et un livre ouvert, à terre. — Un crucifix est appuyé sur un arbre qui paraît avoir été brisé. —Au loin, il existe un personnage terrassé par trois démons. — Au ciel, la Vierge tient l'enfant Jésus, entourée de deux saints portant, l'un, une palme, l'autre, une urne.

Là troisième chapelle, à la suite de la précédente, est celle de *sainte Marie Crétonne.* — Sur son tableau, cette sainte, à la porte de sa cellule, semble invoquer le Seigneur qui, portant sa croix, se fait voir au ciel, devant cette demeure. — Elle montre *le stigmate* empreint sur sa main droite

— Il y a une table couverte d'un tapis, d'une tête de mort et d'une croix. — Dans le lointain, une chapelle et des moines.

La quatrième chapelle, celle de *Sainte-Magdeleine,* clôt le côté nord. — Le tableau au-dessus de l'autel montre, dans un jardin, sainte Magdeleine tenant une tête de mort, sur sa main gauche. — Cette sainte paraît inspirée de l'esprit de Dieu.

Du côté méridional, en commençant par le haut de la nef, on entre dans la chapelle de *Saint-Pierre-aux-Liens*, fondée en 1533, par noble Humbert Grilliet, seigneur de la Verney, citoyen de Bourg.

L'autel n'a rien de remarquable. Le tableau qui le décore représente saint Pierre en prison, délivré par un ange éblouissant de lumière. — Deux gardes sont endormis, et semblent ne pas s'apercevoir de cette délivrance miraculeuse.

La deuxième chapelle, du même côté, est celle de *Saint-André.* — Le tableau représente ce saint assis, levant les yeux au ciel. — Au bas de ce tableau est écrit : *Dilexit Andræam Dominus in odorem suavitatis.*

La troisième chapelle qui suit est celle de *Saint-Paul*. — On voit, sur le tableau placé sur l'autel, saint Paul conduisant ses soldats à Damas, renversé de son cheval effrayé par l'apparition, au ciel, de Dieu escorté des anges. — On remarque un étendard portant l'aigle à deux têtes de la maison d'Autriche, avec ces initiales S.P.Q.R.

Une pierre tombale, dans cette chapelle, rappelle le nom d'une personne, sans doute, parente du fondateur. — Au-dessous des armoiries composées de *trois losanges, l'écu soutenu par deux lions lampassés et debout,* on lit :

« *Cy gist illustre Marie Vanderwel qui en*
« *Hollande prit naissance et qui, par un triste*
« *revers, cache ici toute sa puissance. Parmi*
« *tous ses grands maux, la Providence l'a conduit*
« *dans ce tombeau, le* 3 *septembre* 1719. »

La quatrième chapelle est dédiée à *saint Antoine.*
— Le tableau représente ce saint assis au pied d'un arbre, ayant en face de lui saint Paul, ermite, avec lequel il s'entretient des Écritures saintes.
— Un corbeau leur apporte un fruit ou un pain.

Dans cette dernière chapelle existe une pierre tombale sur laquelle on lit :

« *Hic jacet honorabilis vir Blasius Seranus*
« *Mercator Lusitanus .... qui obiit die octava*
« *marti* M. D. l. XIII. — *Anno œtatis suœ* LXIII. *Re-*
« *quiescat in pace. Amen.* »

Chacune de ces huit chapelles est fermée par une porte en bois sculpté, à colonnettes, dans la moitié de sa hauteur (style renaissance). — Cet ouvrage est d'un très-bon goût.

VIII.

Pour jouir de l'admirable effet des vitraux dans le chœur de l'église et dans les chapelles principales, le visiteur doit choisir l'heure de la matinée où le soleil illumine le monument de sa brillante lumière. Le reflet des couleurs variées se répand alors sur les marbres, sur les boiseries, sur tous les ornements qui acquièrent une sorte d'animation, d'un charme inexprimable et tout à fait exceptionnel.

Les vitraux sont peints en émail, c'est-à-dire

avec des couleurs vitrifiables appliquées au pinceau sur le verre blanc et fondues au four.

La beauté de ces peintures, la vivacité de leurs couleurs, la correction du dessin, l'expression des figures, le choix des sujets, la variété des draperies, celle des ajustements, font de ces vitraux de véritables chefs-d'œuvre, d'autant plus rares, aujourd'hui, qu'ils sont mieux conservés. — Voici l'explication des sujets, en commençant par la chapelle de Gorrevod :

Jésus-Christ apparaît *à saint Thomas*, après sa résurrection. Le Sauveur porte la main de l'Apôtre sur la plaie de son côté pour le punir de son incrédulité. — *Laurent de Gorrevod*, à genoux, est suivi de son patron debout; — de l'autre côté, *Claudine de Rivoire* s'agenouille aussi devant un prie-dieu; elle est assistée *de saint Claude*, son patron, revêtu de sa chape. — Ces portraits sont placés dans une niche pyramidale dont la base repose sur l'écu de leurs armes, portant pour devise : *Pour jamès.* — Au milieu, on aperçoit *les armoiries de Philibert-le-Beau et celles de la fon-*

datrice, couronnées par une troupe d'anges. C'est,
sans doute, le témoignage muet de l'autorisation
donnée pour la fondation de cette chapelle.

Dans la chapelle de la Sainte-Vierge, les vitraux
représentent Jésus-Christ apparaissant *à Madeleine*, puis *à sa mère*; il semble les consoler. — *La
Vierge est portée au ciel par les anges* : elle y est
couronnée par *Dieu le Père* et *par Jésus-Christ son
Fils*. Il est à remarquer que la couronne de Marie
est une *couronne impériale*, comme celle du Père
éternel, et que la couronne de Jésus-Christ n'est
que celle d'un prince; d'où les iconographes ont
conclu que Marguerite d'Autriche a voulu, partout,
dans son église, glorifier la femme avant l'homme.
Ils en trouvent encore une preuve dans la place
honorifique *de droite*, occupée par Marguerite et
par les saintes femmes, sur les vitraux de cette
église. — Les Apôtres se tiennent près du tombeau
de Marie. — *Philibert* et *Marguerite* à genoux,
dans l'attitude de la prière, sont suivis de leurs
patrons debout. — Au bas de la verrière, sont les
armoiries. — Au-dessus paraît dans une grisaille,

le triomphe de Jésus - Christ accompagné de patriarches et de saints. — Il est traîné sur un char, par les *quatre évangélistes et par quatre docteurs*. — Devant lui, marchent *Adam et Eve* suivis des prophètes et de la mère des Machabées avec ses sept fils. — A la suite du char, sont rangés les Apôtres, les martyrs et les saints du Nouveau Testament. On lit sur l'inscription latine : « *Trium-* « *phatorem mortis Christum æternâ pace terris* « *restitutâ cœlique januâ bonis omnibus ada-* « *pertâ, tanti beneficii memores, deducentes divi* « *canunt angeli.* »

« J.-C. vainqueur de la mort, après avoir réta- « bli la paix sur la terre, et ouvert le ciel aux « bons, est conduit en triomphe par les anges, « aux acclamations de la joie et de la reconnais- « sance. »

Au-dessus du retable de cette même chapelle il existe un vitrail à moitié muré, sur lequel on voyait *Jésus-Christ entouré de saint Pierre*, de *saint Augustin, de saint Nicolas de Tolentin*, et de *trois autres saints prosternés*.

Passons aux vitraux du chœur. On en compte
cinq dans le rond-point. Ils ont 13 mètres de hauteur, et occupent, en entier, la distance qui sépare
le rez-de-chaussée de la voûte, laissant, entre
eux, des trumeaux de petite largeur.

Le vitrail du milieu représente l'*apparition
de Jésus-Christ à sa mère, après sa résurrection*.
Au-dessus, c'est encore *Jésus-Christ ressuscité, se
montrant, sous le vêtement d'un jardinier, à Madeleine prosternée à ses pieds ;* — à côté, et dans
le lointain, deux *saintes femmes cherchent le Sauveur;* — plus haut, *quatre génies,* dont deux soutiennent le portrait ou médaillon de *Maximilien Ier,*
père de Marguerite; les deux autres portent celui
de *Frédéric IV*, père de Maximilien.

Dans la croisée, à gauche de l'autel, *Philibert-
le-Beau* accompagné de son patron, et revêtu de
son armure, prie à genoux. — Au-dessous, un
génie tient son épitaphe :

« *Divus Philibertus Dux Sabaudiæ, hujus no-
« minis secundus, M. D. IIII, quarto idus septem-
« bris vitâ functus.* »

Sur la même ligne est l'écu de ses armes, orné de son casque et d'une tête de lion pour cimier.

Dans les petits croisillons du haut, on a peint en médaillons le portrait *de Philippe II, père de Philibert*, et celui *de Marguerite de Bourbon* sa mère.

En commençant par le haut, à gauche du vitrail, on compte 14 écussons portant les armoiries anciennes du premier chef de la maison de Savoie, et celles des différentes provinces ou seigneuries alliées à cette maison.

1. *De Bérault* — (Bérolt de Saxe), d'or à l'aigle de sable.

2. *Vaud,* — d'argent à la montagne de sable.

3. *Piémont,* — de gueules à la croix d'argent chargée d'un lambel d'azur.

4. *Genève,* — d'argent à la bande d'azur, accostée de deux léopards, l'un en chef, l'autre en pointe.

5. *Chablais,* — d'argent semé de billettes de sable, au lion de même.

6. *Baugé de Bresse,* — d'azur au lion d'hermine.

7. *Villars,* — bandé d'or et de gueules de six pièces.

8. *Saxe,*— (placé de l'autre côté du meneau, vis-
à-vis de Bérault)— fascé d'or et de sable, à la couronne de sinople, en bande, brochant sur le tout.
On lit: *Sacsconie* (Saxonia).

9. *Chypre,* — écartelé au premier d'argent, à la
croix potencée et cantonnée de quatre croisettes
d'or ; au second burelé d'argent et d'azur au lion
de gueules brochant sur le tout ; au troisième d'or
au lion de gueules ; au quatrième d'argent au lion
aussi de gueules.

10. *Aoste,* — de sable au lion d'argent.

11. *Suze,* — parti d'argent et de gueules ; deux
tours de l'un en l'autre.

12. *Nice,* — d'argent à l'aigle de gueules, essoré
sur une montagne de sable.

13. *Faucigny,*— pallé d'or et de gueules, de six
pièces.

14. *Gex,* — d'azur à six broies d'or, au chef d'argent, chargé d'un lion issant de gueules.

Les écussons qui garnissent la dernière partie
des vitraux du sanctuaire, toujours à gauche,

représentent l'arbre généalogique des ancêtres de Philibert-le-Beau.

A droite du meneau, on lit :

1. *Amé, comte de Savoie,* écu de gueules à la croix d'argent.

2. *Aymon,* — parti de Savoie et de Montferrat, d'argent au chef de gueules.

3. *Amé VI,* appelé comte Vert.

4. Parti de Savoie et de France, à la cotice de gueules, qui est de Bourbon.

5. *Amé VII,* dit *le Rouge* ou *le Roux.*

6. Parti de Savoie et de France, à la bordure engrêlée de gueules, qui est de Berry.

7. *Amé VIII,* surnommé *le Pacifique.*

8. Bourgogne moderne, — parti de Savoie et de Bourgogne, écartelé au premier, semé de France, à la bordure componée d'argent et de gueules ; au second et au troisième, bandé d'or et d'azur à la bordure de gueules, qui est Bourgogne ancienne.

9. *Louis de Savoie,* mort le 29 janvier 1465.

10. Parti de Savoie et de Chypre.

11. *Philippe II*, duc de Savoie, père de Philibert-le-Beau.

Le second rang indique les ancêtres du Prince, du côté de Marguerite de Bourbon sa mère.

1. *France*, d'azur à 3 fleurs de lis d'or, 2 et 1; au-dessous est écrit: *saint Louis, roi de France*.

2. Parti de France et de Provence, d'azur à la barre d'or, accompagnée de 3 croisettes d'argent, une en pointe et deux aux flancs ; au chef de gueules chargé d'un mufle de lion d'or.

3. *Robert de France*.

·4. Parti de France et de Bourbon.

5. *Louis*, duc de Bourbon. — 1327.

6. Parti de Bourbon et de Hainaut, d'or au lion de sable.

7. *Pierre*,. duc de Bourbon, comte de Clermont et de la Marche. — 1356.

8. Parti de Bourbon et de Valois, à la bordure de gueules.

9. *Louis II*, duc de Bourbon, comte de Clermont et de Forez, sieur de Beaujeu et de Dombes.

10. Parti de Bourbon et d'Armagnac, écartelé

au 1 et 4, d'argent au lion de gueules; au 2 et 3, de gueules au léopard lionné d'or, avec cette inscription : *Bourbon et amie d'Armagnac.*

11. Parti de Savoie et de Bourbon (par le mariage de Marguerite de Bourbon avec Philippe II.)

A la droite de l'autel et près des vitraux du milieu, on remarque, dans la partie inférieure, le portrait de *Marguerite d'Autriche.* Elle est à genoux, comme son mari, devant un prie-Dieu auprès duquel est représentée une levrette. — *Sainte Marguerite,* sa patronne, paraît derrière elle, foulant aux pieds un dragon monstrueux. — Au-dessous, *un génie* tient une table d'attente sur laquelle devait être inscrite l'épitaphe de la princesse ; à côté est placé l'écu de ses armes.

Dans les jours du petit croisillon, on voit les portraits, en médailles, de *Soliman II, empereur des Turcs,* battu par Charles-Quint, en 1529, et de *Mulei-Hassen,* roi de Tunis. — Plus haut, *Ernest,* bisaïeul de Marguerite d'Autriche.— *Philippe Ier,* roi d'Espagne, son frère. — *L'empereur Charles-Quint,* son neveu, — et *Ferdinand Ier,* empereur après l'abdication de Charles - Quint, son frère.

Le reste des vitraux est occupé par les armoiries des ancêtres de la princesse, tant du côté de l'empereur Maximilien, son père, que du côté de Marie de Bourgogne, sa mère.

1. *Rodolphe Ier*, fondateur de la maison d'Autriche. D'or à l'aigle éployé de sable, chargé, sur l'estomac, d'un autre écu d'or, au lion de sable.

2. Parti de l'Empire et de Hohenberg, d'argent coupé de gueules.

3. *Albert Ier*, d'or à l'aigle éployé de sable, chargé, sur l'estomac, d'un écu de gueules à la face d'argent.

4. Parti de l'Empire et de Carinthie, — parti d'Autriche et d'argent, à trois lions passant l'un sur l'autre, de sable, coupé d'argent, à l'aigle de gueules.

5. *Léopold Ier*, mort en 1327.

6. Parti d'Autriche et de Savoie. (Léopold Ier et Catherine de Savoie.)

7. *Albert II*, mort en 1858.

8. Parti d'Autriche et de gueules à 2 barettes

adossées d'or (*de Ferrette.*) Albert II avait épousé Jeanne, fille d'Ulrich, comte de Ferrette.

9. *Léopold II*, duc d'Autriche.

10. Parti de l'Empire et de Milan, d'argent au serpent d'azur, tortillant en pal, issant de gueules.

11. *Ernest Ier*, mort en 1427.

12 Parti d'Autriche et de Mâcon ? de gueules à l'aigle d'argent.

13. *Frédéric IV*, empereur en 1440.

14. Parti de l'Empire et de Portugal, d'argent à 5 écussons d'azur posés en croix, chacun chargé de 5 besans d'argent mis en sautoir, marqués d'un point de sable, l'écu bordé de gueules à sept châteaux d'or, 3. 2. 2.

15. *Maximilien Ier*, mort le 12 janvier 1519.

16. Parti de l'Empire et de Bourgogne.

L'autre côté du meneau indique les ancêtres maternels :

1. *Bourgogne ancienne.*

2. *Comté de Nevers*, semé de France à la bordure composée d'argent et de gueules.

3. *France*, avec ces mots : *Le comte Philippe de Valois.*

4. Parti de France et de Bourgogne.

5. *Jean II,* — mort le 8 avril 1364.

6. A la dernière ligne des vitraux : — parti de France et de Bohême, de gueules au lion d'argent.

7. *Philippe*, duc de Bourgogne, mort en 1404.

8. Parti de Bourgogne et de Flandre ; d'or au lion de sable.

9. *Jean-sans-Peur*, assassiné le 10 septembre 1419.

10. Parti de Bourgogne et de Bavière, fuselé en bande d'argent et d'azur.

11. *Philippe III dit le Bon*, duc de Bourgogne.

12. Parti de Bourgogne et de Portugal.

13. *Charles le Hardi ou le Téméraire.*

14. Parti de Bourgogne et de Bourbon.

15. Parti de l'Empire et de Bourgogne.

16. *Marguerite d'Autriche*, écu accolé à celui de Savoie.

Le vitrail de la chapelle de Notre-Dame-des-sept-Douleurs égale les autres en perfection. Il a été, endommagé pendant des travaux de réparation.

Il représente : 1° *Notre-Seigneur entre les deux disciples d'Emaüs.* — 2° Sur le même plan, l'abbé de Montcut, à genoux, vêtu d'une chape de velours cramoisi, suivi de *saint Antoine*, son patron.

L'écu de ses armes devait être placé au-dessous du personnage ; mais le verre remplacé est blanc.

Au sommet du vitrail, sur la grisaille, on aperçoit *Pharaon, sur son trône, écoutant Joseph qui explique ses songes. — Joseph reconnu par ses frères, est comblé d'honneurs.*

Au milieu du couronnement de cette verrière, sont placées *les armoiries de la fondatrice de l'église et celles de son époux.* — Un groupe d'anges chante le *Regina Cœli lœtare,* d'après les caractères notés sur le papier de musique que trois d'entre eux tiennent entre leurs mains.

Il existe encore un vitrail remarquable à l'extrémité de la croisée de l'église, au-dessus de la porte d'entrée, dite *Sainte-Monique,* au midi. Il représente l'histoire de la *chaste Suzanne.*

En haut, elle est vêtue en criminelle, entre les

mains de deux satellites, debout devant le juge.
assis sur son tribunal, qui lui montre les deux impudiques vieillards, ses accusateurs. — La mère
de Suzanne suit la foule et pleure; elle porte, de
la main gauche, un mouchoir blanc à ses yeux;
elle pose sa main droite sur la tête d'un jeune
enfant qui pleure aussi. — Cette compassion, cette
douleur sont parfaitement exprimées.

Plus bas, le prophète Daniel démasque l'impos-
ture; déjà l'un des vieillards, convaincu de men-
songe et couvert de honte, est conduit dans la prison, à la porte de laquelle se présente le geôlier.
Le second vieillard défend encore sa cause, mais
son visage trahit son embarras. — Cette compo-
sition est admirable.

On voyait encore des vitraux peints, à l'extrémité septentrionale de la croisée, au-dessus de la
porte de Saint-Augustin; ils ont été détruits par la
grêle, en 1539.

Depuis cet accident, on a posé des treillis en
laiton pour préserver extérieurement les vitraux.

IX.

Le pavé de Brou est usé par le frottement des pieds des visiteurs ; il est aujourd'hui difficile de se faire une idée complète de sa splendeur ancienne. Essayons, néanmoins, d'en donner la description d'après ce qu'il en reste.

Ils étaient, dit-on, fabriqués sur place avec la terre de Brou ; mais où se tenait l'atelier de peinture ? Un seul nom a été conservé, celui de *François de Canarin*. Etait-il *briquetier* ou *peintre ?* Réunissait-il ces deux professions ? Regrettons que la tradition ne nous ait pas conservé les noms des maîtres qui ont couvert le sol de l'église de Brou des ravissants portraits et dessins sur briques que nous y avons remarqués ; notamment, près des tombeaux et des plinthes de la chapelle de la Vierge, seules parties un peu respectées.

De la porte principale jusqu'au jubé, le pavé était composé de la réunion symétrique de cinq briques coloriées, chacune d'une seule couleur,

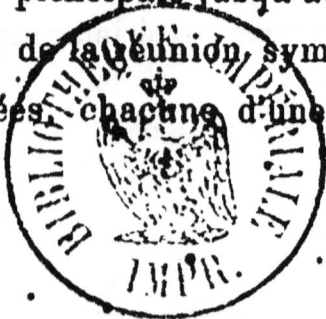

vert, jaune et rouge. Chaque groupe était formé
d'une brique *carrée* au centre et de quatre autres
à l'entour, façonnées à six pans dont deux très-
allongés, sur les côtés, et deux petits, aux extrémités, le tout exactement assemblé et cimenté.

Chaque brique *cuite* devait être préparée, une
seconde fois, avec un enduit; être peinte ensuite,
et recevoir un vernis se vitrifiant au four. Il fallait
donc, au moins, trois préparations successives
pour les briques communes.

Les briques riches du chœur et celles des chapelles de la croisée devaient en subir davantage,
en raison des dessins, des fleurs, des inscriptions,
des chiffres, et, surtout, des charmants portraits
qu'on y remarquait.

Une particularité qui n'a pas encore été signa-
lée jusqu'à ce jour, c'est que, dans la chapelle de
la Vierge, *la brique centrale de chaque groupe*
formé de cinq briques, représentait *un portrait
de femme*, le plus souvent, en costume bressan ou
italien, avec les cheveux retroussés dans une

résille. On y voyait des saintes, des reines, des ybilles et jusqu'à Marguerite elle-même.

En terminant cet article, nous ne pouvons omettre de citer l'anecdote suivante racontée par Paradin, dans sa Chronique de Savoie.

« Je me souviens, dit-il, que y estant, y avoit « un gentilhomme qui, faisant conscience de mar- « cher sur ce pavé, cracha au visage d'un gros « villain pastissier ayant le nez tout fleury de « gros boutons taints en escarlate, disant qu'il « n'y avoit lieu, en toute l'esglise, plus sale pour « cracher que cestuy-là. »

Si cette plaisanterie a pu jamais paraître récréative, elle donne du moins, de nos jours, une triste idée du temps où on se la permettait.....

CHAPITRE IV.

Clocher et flèche.—Sacristie. — Bénitier.— Chaire à prêcher.—Armoiries
de Château-Vieux. — Saint Nicolas de Tolentin. — Miracles. — Petits
pains contre la fièvre et la peste. — Cadran elliptique. — Noms des artistes de l'éd··.e et des tombeaux. — Colomban. — Observations sur
les architectes.

I.

Le clocher contigu au mur oriental de l'église,
côté sud, a 26 ou 27 mètres de hauteur. C'est une
tour carrée, bâtie en pierres de taille, à six étages. Elle est soutenue par des contreforts termi-
nés par une belle galerie à claire-voie et une terrasse, ornées, à chacun des quatre angles, d'un
grand fronton et, dans le milieu de chaque face,
d'un fleuron plus petit, tous élégamment taillés.

Le beffroi est percé de deux ouvertures ogivales sur chacune des quatre faces.

Il y avait autrefois, sur cette galerie, un dôme octogone, en forme de couronne impériale, surmonté d'une lanterne, avec un globe et une croix; mais, en 1659, comme le dôme menaçait ruine et qu'il pouvait, en tombant sur l'édifice, lui occasionner de gros dommages, on se décida à l'abattre. On le remplaça par un dôme nouveau avec une flèche en bois recouverte extérieurement de fer-blanc, ayant quatre mètres de hauteur. Ce dôme et cette flèche, restaurés en 1759, furent démolis en 1793.

Il ne reste plus, aujourd'hui, que les quatre murs de la tour, la plate-forme et le beffroi où l'on a placé, depuis 1830, deux cloches qui s'y trouvent encore. Dans les années 1843 et 1849, des travaux urgents de réparations et de consolidation ont été entrepris par M. Dupasquier, architecte à Lyon. Ces travaux ont préparé, dans l'avenir, le moyen de compléter la terrasse.

Nous croyons qu'au lieu d'ériger une nouvelle

flèche, il serait préférable d'y rétablir le dôme, la lanterne, le globe et la croix primitivement placés, comme étant mieux en rapport avec le caractère du monument.

On ne saurait accorder trop d'éloges aux autorités administratives et religieuses du département de l'Ain, dont le zèle incessant s'attache à la conservation de l'édifice de Brou. A l'aide des fonds alloués par le Gouvernement, par le Conseil général, et au moyen de dons particuliers, on est arrivé à le préserver de sa ruine. Les soins apportés dans les réparations intelligentes, font le plus grand honneur aux architectes et aux ouvriers qu'on y a employés.

II.

La sacristie, située près de la petite porte de sortie du chœur, sur le couloir conduisant de l'église au rez-de-chaussée du couvent, est une pièce assez spacieuse : 6 m. 25 c. de largeur, sur 7 m. de longueur. Elle est voûtée et présente l'apparence d'une ancienne chapelle à laquelle on donnait le *nom de Sainte-Appoline*. Aujourd'hui, on y voit encore un autel avec son retable vide. La pièce est garnie de boiseries et d'armoires également vides. Les tableaux, les tapisseries, les ornements d'église et les vases sacrés ont disparu pendant nos révolutions politiques (1).

III.

Il existe un grand bénitier à pied massif, près de l'entrée principale de l'église. Il est en pierre dure ou marbre noir, de 2 mètres de diamètre et de 1 mètre 1/2 de hauteur ; d'une forme octogone. Le

---

(1) Parmi les vases sacrés, on remarquait un ostensoir en vermeil ayant la forme de l'ancien clocher de Brou ; il avait été donné par Claudine de Rivoire, seconde femme de Laurent de Gorrevod. On y voyait aussi trois calices en vermeil, dont l'un avait été offert par la ville de Lyon, à saint Nicolas de Tolentin, à qui elle s'était vouée pour obtenir la délivrance de la peste en 1628. Le second avait été donné par la ville de Salins, pour la même cause. Enfin le maréchal de l'Hôpital, menacé de mort dans une violente maladie, s'étant voué au même saint, fit présent du troisième calice après sa guérison. *(Hist. et Descript. de l'église de Brou*, par le P. Rousselet).

couronnement ou moulure porte, en grosses lettres, la devise: *Fortune. infortune. fort. une.* Il
a été façonné, en 1548, par un tailleur de pierre,
du nom de Nicolas Ducré, du Faucigny, au prix
de 20 écus d'or.

IV.

On voit, sur le dernier pilier, à droite du jubé,
au midi, une tablette d'albâtre, sur laquelle est
sculpté en relief, un cœur surmonté des armoiries de l'ancienne maison de Château-Vieux, avec
cette inscription peu lisible aujourd'hui : « Cy
« gist le ceur de hault et puissant seigneur Claude
« de Chalant, dict de Château-Vieux, en son vi-
« vant seigneur de Verjon, Arbent, baron de Cu-
« zance, de Rochefort et de Mornay, qui trépassa
« en la maison de céans, le 22 juillet 1551. Priez
« Dieu pour son âme. »

Cette inscription fut, dit-on, mutilée par Em-
manuel-Philibert, surnommé *Tête de fer*, duc de
Savoie, qui, l'ayant lue, tira son poignard, et la
raya en disant: « *Je ne crois pas qu'il y ait, dans*

mes *Etats, de haut et puissant seigneur autre que moi.* » La tradition fait remonter ce fait au 26 décembre 1567, date à laquelle le duc passa une partie de la journée dans le couvent de Brou.

V.

La chaire à prêcher qu'on voit dans la grande nef est un ouvrage moderne en carton-pierre, dans le style gothique. Il a été placé, en 1836, par M. Bion, sculpteur à Paris. Cette chaire, adossée à un pilier du côté gauche, en entrant dans l'église, est élevée d'environ deux mètres du sol.

Le Père éternel, placé sur l'abat-voix, au milieu des rayons célestes, domine le prédicateur qu'il inspire de son souffle divin. Deux anges, de grandeur naturelle, placés de chaque côté de la chaire, portent des palmes et des cartouches sur lesquels on lit plusieurs sentences ou maximes, notamment celles-ci :

« Que celui qui voudra devenir plus grand parmi vous, soit votre serviteur. »

« Si quelqu'un veut venir après moi , qu'il re-
« nonce à soi-même; qu'il porte la croix. »

« C'est ce qui sort de la bouche de l'homme qui
« le souille.. »

« Si quelqu'un a des oreilles, qu'il entende. »

« N'appelez personne, sur la terre, votre père,
« parce que vous n'avez qu'un père, qui est dans
« les cieux. » Etc.

VI.

On s'est demandé souvent pourquoi la fondatrice de Brou préféra dédier son église à *saint
Nicolas de Tolentin* plutôt qu'à *saint Benoît*, patron choisi par Marguerite de Bourbon, sa belle-
mère, lors de son vœu ?

Cette préférence pourrait être justifiée par la dévotion particulière inspirée à Marguerite d'Autriche par saint Nicolas de Tolentin; cependant,
on peut lui supposer une autre origine. La pieuse
Marguerite devait avoir une foi également vive
dans tous les saints. Elle a pu arrêter son choix sur
celui dont la fête était fixée *au 10 septembre, jour*

même de la mort de Philibert-le-Beau, afin de mieux perpétuer le souvenir de ce grand événement dans l'esprit des populations de la Bresse. En effet, c'est à dater de cette époque que la fête de saint Nicolas de Tolentin est célébrée à Bourg, tous les ans, le 10 septembre, en même temps qu'un service funèbre est renouvelé, le même jour, pour le repos de l'âme de l'auguste duc, dont la mémoire était bénie en Bresse.

C'est aussi depuis cette époque qu'on apprécie, dans cette contrée, les vertus de saint Nicolas de Tolentin dont la grâce s'est manifestée, dit-on, d'une manière très-visible, à l'occasion du fléau de la peste qui y a sévi, si souvent, aux siècles passés.

Nicolas était un pâtre, né dans le XIIIe siècle, à Tolentino, ville de l'Etat ecclésiastique (Macerata et Camerino) près de Chiento, à 17 kilomètres sud-ouest de Macerata. Devenu ermite de saint Augustin, sa foi en Dieu était si vive qu'il reçut le pouvoir de faire des miracles de son vivant, et la vénération qu'il a inspirée en Italie l'a fait placer au nombre des saints, après sa mort arrivée le 10 septembre 1309.

D'après une autre version, saint Nicolas, surnommé de Tolentino, à cause du long séjour qu'il fit dans cette ville d'Italie, naquit, dans la marche d'Ancône, de parents peu fortunés. Dès son enfance, il se distingua par son caractère doux et modeste. On dit qu'ayant entendu prêcher il exhala son goût pour la prière et la charité pour les pauvres : sa vie ne fut qu'une longue extase. Il vécut dans une retraite entière sous la bannière de saint Augustin. Sa vie dévotieuse lui mérita la faveur d'opérer d'importants miracles. Saint Nicolas de Tolentin a été canonisé en 1446, par le pape Eugène IV. Son corps se trouve à Tolentino dans l'église qui lui a été dédiée.

VII.

Miracles. — Un Savoyard qui portait sur lui un morceau de pain consacré à saint Nicolas, ayant été attaqué par des voleurs, fut sauvé de l'assassinat qui le menaçait; la pointe du poignard qui toucha ce pain se replia sur la lame.

Une bribe de ce pain jetée dans les flammes, arrêta l'incendie qui allait réduire en cendres l'église Saint-Marc, à Venise.

Nicolas étant assis devant une table d'auberge, un samedi, on lui servit des perdrix rôties : indigné, il étendit la main et les perdrix s'envolèrent.

Un jour, saint Nicolas étant malade, envoya un serviteur chargé d'emprunter un morceau de pain chez un voisin qui était aussi malade de la fièvre. Le lendemain, il rendit à ce voisin un pain entier dont celui-ci rompit une parcelle qu'il trempa dans un verre d'eau, et il guérit aussitôt. Les miettes de ce pain préservaient de la peste ceux qui les portaient sur eux ainsi que ceux qui les mangeaient.

VIII.

De là, l'origine des petits pains de saint Nicolas tels qu'on les distribue encore, aujourd'hui, à Prou, le 10 septembre de chaque année.

Ces petits pains, de forme ronde, d'un diamètre d'environ 2 centimètres 1/2 sur 1 centimètre 1/2 d'épaisseur, sont fabriqués avec de la farine de pur froment, pétris en pâte ferme, sans sel ni levain ; ils acquièrent, par une forte cuisson, un degré parfait de siccité, permettant de les conserver d'une année à l'autre, sans se détériorer.

Ceux qui les emploient contre la fièvre les font tremper dans l'eau. L'usage de ces petits pains. paraît avoir été très-efficace dans les épidémies pestilentielles des années 1505 à 1675, pendant lesquelles les villes voisines de Lyon, Salins, Nantua ont dû la disparition du fléau à l'intercession de saint Nicolas

En l'année 1629, les syndics de Bourg, *François Gauthier* et *Abraham Maguerel*, firent un vœu dans l'église de Brou, au nom de tous les bourgeois et habitants de la ville, afin d'être préservés de tout mal contagieux.

« Ils promirent de chômer et de solemniser dans « cette église, tous les ans à perpétuité, les jour « et fête de ce saint, le 10 septembre de chaque

« année, et de venir processionnellement avec
« tout le clergé et le peuple, pour ouïr la messe
« et offrir, après l'Evangile, deux torches de cire
« pure, du poids de 3 livres chacune (1). »

Ce vœu fut exaucé et la peste disparut. Le Conseil de Bresse, en témoignage de reconnaissance, fit peindre un tableau qu'on voit, aujourd'hui, placé sur l'autel du côté nord, sous le jubé de l'église de Brou.

Ce tableau représente *saint Nicolas de Tolentin, debout, tenant une Bible de la main droite et un christ avec des lys en fleurs, de la main gauche.* Cette toile, d'environ 2 mètres de hauteur sur 1 mètre de largeur, est entourée de dix médaillons rappelant les miracles attribués à ce saint. Au bas de ce tableau est écrit :

De ce glorieux saint la faveur manifeste
A la ville de Bourg garanti (*sic*) de la peste.

En avril 1675, après un intervalle de 47 ans,

_____

(1) Registre de l'hôtel-de-ville de Bourg année 1629.

la peste reparut à Bourg. Le peuple, se rappelant la protection de saint Nicolas, réclama à grands cris, que les syndics ordonnassent une procession générale en l'honneur de *Marie, dont l'image serait portée dans les rues de la ville;* en même temps, ils demandèrent *à renouveler le vœu de* 1628; à la suite de ces actes de dévotion, la peste cessa de sévir. — Depuis lors, la population de Bourg n'a jamais manqué de fêter *Notre-Dame* et *saint Nicolas de Tolentin,* aux jours qui leur sont consacrés.

La procession de *la Vierge* fut supprimée pendant la Révolution de 1793; mais elle fut rétablie en 1824, ainsi que la bénédiction des petits pains de saint Nicolas qu'on continue de distribuer.

IX.

A l'extérieur de l'église, et devant la porte principale, on voit un grand cadran ou gnomon, qui mérite de fixer l'attention par sa forme.

Ce cadran est elliptique; il est formé par vingt-quatre cubes de pierres gravées en chiffres romains, donnant les heures de nuit et de jour. Ces chiffres sont espacés selon les calculs relatifs à la projection de l'ombre du style à chaque heure du jour. Le grand axe de l'ellipse a environ 11 mètres; il se dirige de l'ouest à l'est. Le petit axe est de 8 à 9 mètres, entre les deux foyers du nord au sud. Au centre existe une méridienne tracée sur une pierre de 3 m. 30 c. de longueur sur 60 centimètres de largeur. De chaque côté de cette ligne sont gravées, successivement, les initiales des douze mois de l'année, dont les distances inégales sont combinées avec le mouvement de la terre autour du soleil, par chaque mois. L'observateur remplace le style qui manque à ce cadran, c'est-à-dire que la personne posant ses pieds sur la lettre du mois courant, projette son ombre qui indique l'heure. Si l'heure atteint exactement le milieu de l'ombre, l'indication est précise; si au contraire, l'ombre s'en écarte, ce n'est plus qu'un renseignement approximatif faisant présumer les quarts et les demi-heures non tracées.

Cette invention ingénieuse est très ancienne ; elle
ne porte ni la date de son établissement, ni le nom
de son auteur. Ce cadran a sans doute été posé
là pour l'utilité des voyageurs, ou pour servir
aux ouvriers de l'édifice, pendant sa construction
au XVIe siècle. Il est unique dans son genre.

Il en existe une description scientifique, à la date
de 1757, par l'astronome Lalande, né à Bourg. Ce
mémoire a été inséré dans le recueil de ceux de
l'Académie des sciences dont il était membre.

X.

NOMS DES ARTISTES ET OUVRIERS QUI ONT CONCOURU A LA CONSTRUCTION DE L'ÉDIFICE DE BROU.

Architectes. — Perréal (Jehan), dit Jehan de
Paris, peintre et architecte lyonnais (1505 à
1512). — Van-Boghem (Loys), architecte flamand (1513 à 1536). — Jehan (de Saint-Amour).
— Benoît (de Montagnat-le-Reconduit). (1).

_____

(1) Jean de Saint-Amour et Benoît de Montagnat-le-
Reconduit, nous ont été indiqués par M. D. Monnier,
de Domblans (Jura), archéologue distingué, auquel

Tailleurs d'imaiges (statuaires). — Colombe (Michel), de Tours (1511). — Colombe (François), de Tours (*enlumineur*, 1511). — Meyt (Conrad), né en Suisse (1526). — Meyt (Thomas), frère du précédent (1526). — Vambelli (Gilles), italien (1526). — Campitoglio (Onofrio), italien (1526). —— Guisbert (1) (1517) — Thibault ou Thiébault (2) (1511).

nous témoignons ici notre parfaite gratitude. « Ces deux « ouvriers, dit-il, étaient comptés parmi les souverains « *portrayeurs et architectes* travaillant à Bourg. — Ils « ont évidemment pris part aux travaux de la basilique « monumentale de Brou. »

(1) Lettre des gens du Conseil de Bresse, concernant les affaires de Madame, à Brou. — Escript de Bourg, le 1er jour d'aoust 1517.

EXTRAIT :

« . . . . . Quant au regard de l'ymaigier de Brou « qui fut blessé, nommé *Guisbert*, est trouvé par infor- « macion, qu'il fust promoteur des paroles et de « faict, etc. » — Copie de cette lettre a été déposée, en 1847, dans la bibliothèque de la Société d'Emulation de l'Ain, par M. Dufay.

(2) Voir la pièce justificative E.

Follaigiers (soulpteurs d'ornements). — Serins (Benoît de). — Jehan, de Louen (Louhans). — Rolin (Jehan). — Picard (Amé). — Carré (Amé).

Maistres massons. — Henriet, de Lyon. — Taborin (Jehan), dit de Lorraine, — et Philippe, de Chartres.

Massons. — Tégniost (Amédée). — Chareden (Claude). — Balichon (Louis).—Castin (Benoy).—Castin (Pierre).— Besson (Amand), 1615.—Mayre (Oddo), de Dôle, 1613.

Charpentiers. — Bernard (Louis). — Rodet (Claude).

Menuisiers — Terrasson (Pierre).

Verriers.. — Brochon (Jehan). — Orquois (Jehan). — Noisins (Antoine). — Concom (Antoine), 1539. — Descousse (Jehan), 1539.

Couvreurs. — Chagniard (Claude), 1587. — Prély (Simon), 1587.

Serralier (serrurier). — Fuma (Benoît), 1539.

Briquetier. — Canarin (François de).

XI.

On aurait pu ajouter à cette liste le nom de Colomban (André), que les manuscrits du couvent de Brou ont désigné comme *architecte principal*, mais la légende qui le concerne est entourée de tant de mystères, que le personnage, lui-même, est suspect.

Cependant il a trouvé un historien (M. Amanton, ancien conseiller de préfecture, à Dijon), qui a publié, en 1830, une notice intéressante sur lui. Il a inspiré aussi de fort belles pages au savant Nodier.

Les recherches faites depuis, dans les archives nationales de Lille, ont détruit le merveilleux qui s'attachait à cet artiste, don. l'histoire, au moins pour les travaux de Brou, paraît apocryphe.

Colomban (André), architecte et statuaire, était né, dit-on, à Dijon, en 1474; il avait 32 ans en 1506, lorsqu'il *prit la construction de l'église et la direction de l'œuvre*, au prix fait de 200,000 écus d'or. Dix-sept mois après, en mai 1508, les fondations étaient à fleur de terre. En 1518, Colomban, effrayé des dépenses qui dépassaient ses prévisions, abandonna les travaux pour se cacher à Salins, sous l'habit d'un ermite; l'année suivante, s'étant repenti de sa conduite, il revint à Brou, où il avait été remplacé par Philippe de Chartres. Là, en l'absence des ouvriers, il examinait la taille des pierres, il effaçait les lignes tracées sur ces pierres, pour leur substituer d'autres lignes conformes à ses projets; mais, surpris dans cette manœuvre et forcé de se faire connaître, il reprit la direction des travaux. Il fit renverser ce qui avait été construit en son absence; ramena la construction au point où il l'avait trouvée. En 1521, on commençait à la couvrir. Enfin, Colomban, *devenu aveugle, surveillait encore la pose des pierres,* etc., etc.

Mais il est établi, aujourd'hui, et parfaitement constaté, que jamais la princesse ne donna *de prix-fait* pour la *construction entière* de l'église de Brou; que l'architecte Van-Boghem a été le principal constructeur de cette église ; qu'il a dirigé *seul* les ouvriers jusqu'à la fin des travaux en 1536, et qu'il prenait, tous les ans, en Flandre, les ordres de Marguerite elle-même, avant de revenir à Brou, sans que la présence de Colomban ait éveillé jamais l'attention de la princesse ou celle de Van-Boghem ; d'où il suit que le prétendu architecte Colomban, s'il a existé, n'a été qu'un ouvrier ou un surveillant subalterne. Sa coopération si extraordinaire, par suite de sa *cécité*, paraît être une fable.

XII.

On a voulu aussi attribuer à Van-Boghem, *seul*, l'honneur d'avoir fourni les dessins et les plans de l'église de Brou. Cette opinion est basée sur les éloges exagérés d'un poème du temps, *le Blason de Brou*, par Antoine du Saix, à l'occasion du monument et du constructeur flamand avec lequel il entretenait des relations d'amitié (1).

---

(1) *Recherches historiques et archéologiques sur l'église de Brou*, par M. Baux, 1844, in-8°, page 213.

Cette opinion est aujourd'hui victorieusement combattue par la correspondance du principal architecte Jehan Perréal, dit Jehan de Paris, le peintre de Marguerite d'Autriche et de la cour de France, qui, non-seulement fournit à cette princesse *les plans de l'église et des tombeaux*, mais encore dirigea lui-même la construction *du couvent, de* 1505 *à* 1508.

Du Saix n'a publié son poème qu'en l'année 1533; il a ignoré l'origine des plans, dont il n'a fait aucune mention, et Van-Boghem n'avait nulle raison de la lui faire connaître.

Outre la correspondance de Perréal et celle qui sert de preuves, à la suite de cet opuscule, il existe plusieurs observations importantes à signaler.

1º Le défaut de temps qui n'a pas permis de présenter d'autres plans que ceux adoptés en 1512, puisque les travaux de l'église ont commencé au printemps 1513.

2º Le type architectural de l'église de Brou est tellement identique à celui du couvent construit sept ans avant l'église, et avant l'arrivée de Van-Boghem à Brou, qu'on ne peut douter de l'exécution sur le même plan.

3º pour prouver que les plans de l'église de Brou existaient déjà en 1505, il suffit de rappeler que *le double de ces plans fut remis aux maçons chargés des travaux* à cette date, suivant *le prix-fait* accepté par le gouverneur de Bresse, Laurent de Gorrevod.

Ce prix-fait de l'église et du couvent, porte ce qui suit :

« S'ensuyt lordonnance de la tasche de Brou, « *touchant l'esglise*, mise par ordre :

« *Premièrement, seront tenuz les massons de* « *faire la toyse du mur de six piedz en carreur,* « *toysant le vuyde comme le plein, jouxte le con-* « *tenu* DU POURTRAICT, (plan) *pour le pris d'une* « *chascune toyse,* IIII l. XV s., etc., etc. »

(Recherches historiques et archéologiques de l'église de Brou, par M. Baux. — 1844, in-8º, p. 1re des documents authentiques à la suite).

Enfin, on lit dans l'article du testament de la

princesse, daté du 20 février 1508 (même livre, page 32) :

« *Item*. En cas que, au jour et heure de nostre
« dict trespas, ledict couvent, esglise et fondacion
« du dict Sainct-Nicolas-de-Tolentin que avons
« conclu et deslibéré faire, avec aussi les sepul-
« tures, *selon les patrons que en avons faict*
« *prendre*, ne fussent faictes et parachevées,
« voulons et ordonnons iceulx couvent, esglise et
« sepultures estre parfaictes *selon les dicts pa-*
« *trons*, etc. »

Et pour l'architecte, il se nomme *lui-même* dans une lettre du 30 mars 1511 (pièces justificatives ci-jointes E. L) ; il est encore désigné par Michel Colombe, dans son traité du 3 décembre 1511, où il est écrit, à l'occasion des sépultures de Brou :

« J'ay retenu *le double de* LA PLATE FORME *de*
« *l'esglise du couvent Sainct-Nicolas-de-Tolentin*,
« ICELLE PLATE FORME *faicte et très bien ordonnée*
« *sur le lieu, mesuré de la main de maistre*
« *Jehan de Paris*, avec l'advis, en présence de
« maistre Henriet et maistre Jehan de Lorraine,

« tous deux très grands ouvriers en l'art de mas-
« sonnerie. »

Donc, l'architecte français Perréal, dit Jehan de
Paris, est le véritable *auteur des plans de l'édifice de Brou.*

L'architecte flamand Van-Boghem a construit
l'église de Brou, sur les plans de son prédécesseur
et approuvés par la fondatrice.

FIN

PIÈCES JUSTIFICATIVES.

DOUZE PIÈCES.

A.

1508. — 28 août, à Bourg.

LETTRE DU FRÈRE CLAUDE A MARGUERITE D'AUTRICHE.
— Il prie cette princesse de venir visiter le couvent de Brou.

Ma très redoubtée dame, tant et si humblement que possible, je me recommande à tous temps, à jamay, à vostre bonne grace.

Madame, très humblement je vous remercye de tous les biens et de tous les honneurs que journellement je ay et auroy, et j'en prye pour vostre maison et vostre grace. *Je prye à Dieu que vous donne grace de venir visiter vostre très magnifique covent et vos très révérends reli-*

gieux de Brou, vous asseurant que ce vostre belle mémoire perpétue de vostre règne en Bresse, lequel, par la grace, vous donne l'accomplissement de voz désirs pour à la fin parachever.

A Bourg, le 28 d'aougt 1508.

Ce tout vostre très humble et très obéissant serviteur (1),

CLAUDE.

B.

1509. — 15 novembre, à Lyon (2).

LETTRE DE JEHAN PERRÉAL A MARGUERITE D'AUTRICHE. — Il remercie cette princesse de la pension qu'il reçoit d'elle, et il lui en réclame les arrérages. — Il l'informe qu'à son arrivée à Lyon, venant de l'armée d'Italie, sur l'invitation de Jehan Lemaire, il fait les dessins ou patrons des trois sépultures de l'église de Brou. — Il a trouvé un bon ouvrier statuaire, disciple de Michel Colombe. — Il a trouvé de l'albâtre la plus belle du monde.

Madame, tant et sy très humblement que fere

(1) *Original en papier, reposant aux archives de Lille, dont copie déposée à la bibliothèque de la Société d'Emulation de l'Ain, en 1847.*

(2) Cette lettre a été publiée en 1850, par M. Sirand,

puis en vostre bonne grace me recommande. Ma-
dàme, depuis le temps que de vous je receu une
lestre contenant en somme que voullez que fusse
paié d'une pension que de piessa vous pleu me
donner et de bon cueur octroier, de la quelle ay
joy deux ans, et jà sont passez trois que n'en ay
rien receu, jai esté en cour tousjours, et en ceste
derniere guerre contre les Véniciens, où ay eu
plus de dangier que de mal. Et quand jay esté arrivé à Lyon, j'ai treuvé Jehan le Maire qui avoit
faict ung volume que je croy avez à présent, et
d'aultres euvres, lequel me dit vostre instruction

---

archéologue à Bourg, dans la *Troisième partie des
courses archéologiques et historiques du département de
l'Ain* (3ᵉ vol. in-8°, Bourg, page 5). L'auteur a fait remarquer, avec raison, que le millésime 1511, inscrit
sur cette lettre par une main étrangère, était douteux.
En effet, nous pouvons confirmer cette erreur et donner
aujourd'hui le moyen de la rectifier avec certitude, par
la publication *d'un mandement de finance inédit, délivré
par Marguerite, le 14 juillet 1510, et qui est une ré-
ponse à la réclamation de Perréal.* (Voir la pièce ci-
jointe C.) Il suit de ce rapprochement que la date réelle
de la lettre ci-dessus mentionnée est du 15 novembre
1509 au lieu du 15 novembre 1511.

touchant trois sepultures que volez fere en l'esglise que faictes fere près de Bourg, que l'on dit estre fort belle. Sy me dit que on vous en avoit faict quelques patrons, mais il me dit que s'il estoit possible d'en faire ung de quelque mode digne de mémoire que vous l'arez agréable. Sy me suis mis après tant pour mon debvoir envers vostre majesté que pour l'amour que je vous doy, et ay revyré mes pourtraictures, au moins des choses antiques que j'ay eu ès parties d'Italie, pour fere de toutes belles fleurs ung trossé bouquet dont jay ay monstré la (sic) le jet au dict Le Maire, et maintenant, fais les patrons que jespère arez en bref. Et pour ce que le dict Le Maire s'en parti de Lion longtemps pour aler a Dole, et que depuis n'ay sceu où il est, et n'ay eu de luy nouvelles, je me suis adressé à monsieur le gouverneur de Bresse, auquel j'ay rescript ce que j'ay faict selon la charge que me donna le dict Jehan Le Maire, c'est assavoir de treuver albastre que jay treuvée la plus blanche du monde, et à bon conte, grandes piesses et à grant quantité. Oultre j'ay treuvé ung bon ouvrier (1) et excelent disciple du nommé Michel Coulombe, homme de bon esprit, et qui besongne après le vif, lequel est contant de besongner à Lion ou à Bourg, combien que je seroye voulontiers près de luy, car vous entendez assez que rien n'en empireroit, et mesmement pour le visaige de feu Monseigneur et aultres choses. Et pour ce, Madame, que le dict gouverneur m'a averti qu'il aloit vers vous, je me suis enhardi de vous mander ma bonne voulenté et affection et seray très joyeux de moy employer à meetre l'euvre à fin en ma vie. Pour ce s'il vous plest vous servir de moy je suis et seray à jamais vostre à gaiges et sans gaiges. Je faiz les patrons en en suivant vostre voulenté à ma fantaisie, lesquelz avoir veux. Sy vous plest, manderez ce que voullez que l'on fasse touchant de l'ouvrier et des pierres, et de moy vous povez servir, mais du

---

(1) Ce bon ouvrier est Thiébault ou Thibault de Salins, qui, après avoir travaillé à la sépulture du duc Philibert-le-Beau, fut trouvé incapable par Jean Perréal lui-même. (Voir pièce E.)

maistre se je le retiendray ou non, et se l'on fera tirer des pierres. Vous en communiquerez au dict gouverneur lequel, à son retour, fera de moy ce qu'il vous plaira commander. Il a commandé au tresier (trésorier) de Bresse me paier toutes mes pensions. Je crois que le dict tresier le fera : sa voulenté soit faicte, et la vostre avec la voulenté de Dieu, lequel vous doint santé et longue vie, et après ce mortel labeur repos felice.

A Lion, ce xvᵉ de novembre, de vostre très humble et très obeissant serviteur,

JEHAN PERRÉAL de Paris, P. du R. (1).

C.

1510. — 24 juillet, à Bruxelles.

Extrait d'un registre aux ordonnances et mandements de Marguerite d'Autriche, du 1ᵉʳ avril 1509 au 31 janvier 1511. (Nouveau style).

Le xxvijᵉ juillet xvᵉ dix a esté vériffié ung mendement patent, dont la teneur s'ensuyt : MARGUE-

---

(1) Cette abréviation veut dire *peintre du roi*.

RITE, etc., à noz amez et féaulx les chief et gouverneur et trésorier général de noz demaine (*sic*)
et finances, salut et dilection. Savoir vous faisons
que nous, en sur ce vostre advis, vous mandons
que par nostre amé et féal conseiller et trésorier
général de nos dictes demaines et finances, Diégo
Florès, et des deniers de sa recepte vous faictes
payer, bailler et délivrer à maistre Jehan Perreal,
de Paris, nostre painctre et varlet de chambre, la
somme de lx escus d'or au soleil, et ce pour et
en récompense et payement de trois années entières de ses gaiges et pension de xx escus d'or
au soleil, que nous lui donnons par an, pour les
bons et agréables services qu'il nous a faiz journellement, et mesmement à cause des pourtraictz par
luy faiz, et qu'il nous a derrenièrement envoyez
par Jehan Le Maire, nostre indiciaire, pour dresser les sépultures que faisons fere en nostre couvent de Saint-Nicolas-de-Tolentin-lès-Bourg, en
Bresse, desquelles trois années finies à Pasques
derrenier passé, il n'a rien receu comme il dit,
obstant nostre absence de noz pays de par-

delà, etc. — Donné en la ville de Bruxelles, le xiiij⁰ jour de juillet l'an de grace mil cinq cens et dix (1).

MARGUERITE.

D.

1511. — ..... février, à Malines.

LETTRE DE MARGUERITE D'AUTRICHE A JEHAN PERRÉAL, DIT DE PARIS. — Madame le nomme contrôleur de l'édifice de Brou, et lui annonce qu'elle va faire inscrire son fils au rôle des bénéfices du comté de Bourgogne.

Marguerite archiducesse d'Austrice, ducesse et contesse de Bourgoigne, duagière de Savoie.

Très chier et bien amé, nous avons receu vos lestres et puisque Jehan Lemaire nous a layssé nous voulons avoir aultre *contrerolleur en nostre édiffice de Brou que vous mesme*, pour à quoy

---

(1) Document inédit trouvé dans les archives de la ville de Bruxelles et communiqué par M. Alexandre Pinchart, chef de section aux archives de Bruxelles. — Nous lui en adressons ici nos remercîments sincères.

entendre vous devrions, nous désirons sçavoir quel marchié Michel Colombe a avec vous, pour le faict de nos sépultures, et dans quel temps il pourroit avoir parfaict.

Quant à vostre fils, le ferons mectre au roole des bénéfices de nostre conté de Bourgoigne.

Escript de Malines.... le jour de febvrier xve xi

MARGUERITE. — (1)

E.

1511. — 30 mars, à Blois.

LETTRE DE JEHAN DE PARIS A . . . . (2). — Il se plaint des gens du Conseil de Bourg, qu'il nomme *les longues robes*. — Il voudrait n'avoir affaire qu'à M. le secrétaire Barangier. — Eloge de Michel Colombe. — Envoi des patrons pour les tombeaux de l'église de Brou.

Mon très-honoré seigneur, humblement à vostre bonne grace me recommande.

(1) *Minute en papier, déposée aux archives de Lille, et dont copie authentique a été fournie, en 1847, à la bibliothèque de la Société d'Emulation de l'Ain.* — (Note de l'auteur.)

(2) La suscription manque; mais il est probable que la lettre est adressée à Louis Barangier.

Pour ce que tousjours vous ay treuvé entier, et je l'ai bien aperceu à Bourg et m'en suis bien congneu quant dernièrement *je y fus pour prendre la mesure de l'esglise ;* car j'eus plus de peine à assembler ces longues robes, de quoy je n'avoie que de faire mon art. Mais vela, vous n'y estiez pas ; et pour ce que je avise que je rescrips à Madame que, se elle veult que bien je besongne, je ne soïe plus en ceste peine. *Je vouldroie bien qu'il vous pleust que je n'eusse à faire que à vous, s'il vous plaisoit,* voire se je me mesle de son esglise, et du trésorier Vyonnet ; car il est bon homme, combien que je ne puis estre paié de si petit que Madame me donne qu'il ne vault pas le demander.

Tout cecy vous escrips pour ce que je vous congnois et que je ne vouldroie avoir affaire que à vous.

Mons.ʳ, j'ay marchandé se Madame veult Michel Coulombe et son nepveu et pour l'amour de moy, et espérant que seroy avec luy, il ne veult aultre marché que celui que je feiz avec maistre

Thibault. Or, considérez quel différence il·y a autant de plomb à or ; et sy vous dit mieulx que jamais je n'eusse faict le marché que je fis, synon que je prétandoie tousjours venir à ceste fin ; car je veoye bien que maistre Thibault ne sçavoit rien. Aussy vous sçavez comment je lui disoie que je romproie tout sy ne le feroit bien, et jamaiz je n'eusse besongné avec lui ; car il eust voulu tout fere et derrenièrement je congneuz son cas à Lyon.

Monsr, *tous les patrons sont faiz et bien enquessez* ; je le mande à Madame s'il luy plest de les envoier quérir ; mais il les fauldra renvoier à Lyon entre mains et pour cause, se Madame entend que je m'en mesle, synon elle les peult garder. Vous voyrez ce que luy rescrips.

Monsr, vous voiez la paine que je prends et de bon cuer, *tant en invencions que patrons. Et sur ma foy les derniez pourtraiz ou patrons que j'ay faiz, tant coluy de l'esglise que des trois aultres, m'ont donné beaucoup de paine ;* et tousjours y va du mien, tant aux alées que venues et aultres despences. Mais surtout *ce m'est un grand rompement de teste, tant pour inventer que pour faire au gré de Madame qui est le tout.*

Mons.ʳ, vous m'orez recommandé envers Madame. J'ai faict, faits et feroy le mieulx que pourróy, tant que ma pauvre peau se pourra estandre ; mais aussy que Madame y ait esgard, se tant et qu'elle se veulle plus servir de moy. Son bon pláisir soit faict ; car je luy ai esté entier et ay prins autant de paine comme si j'avoye mille escus d'or de pension ; maiz amour me maine et vous le povez congnoistre.

Mons.ʳ, il fauldra, comme je le rescrips à Madame, avoir ung homme au lieu de Maistre Jehan Lemaire qui bien nous faict faulte pour faire tirer l'albastre de la perrière et à puissance. Vous feriez bien faire cela, sy vous plaisoit prendre la paine.

Mons.ʳ, je ne m'adresse que à vous et ne à quoy aultre, ne veulx congnoistre après Madame. Vous advisant que j'ay veu une lettre, le xxviii.ᵉ jour de mars, de vous, où l'on charge le pauvre Jehan Lemaire, mais vous vous montrez son amy quant l'avez averti. Certes c'est très-mal faict. Certes qui n'en vouldroit autant faire, je ne seroie pas joieux, après avoir bien besongné, estre mors et piqué. Vraiment on verra bien du contraire quelque jour. Aussy il n'est cuer d'homme qu'il.…… ou voulsist faire ce que l'on luy impute ; et velà que ung faulx raport vault. Je n'en attends pas moins ung jour, et puis j'auroy bien gaigné mon labeur.

Mons.ᵣ, je remetz tout à Dieu, à Madame et à vous, vous supliant que j'aye de voz nouvelles avec celles de Madame, s'il luy plest se servir de moy ; synon j'aray patience.

Mons.ᵣ, aultre chose n'y a, fors que la royne est malade d'une fièvre continue. Dieu luy soit propice. Vous ferés, sy vous plest, mes très-humbles recomandations à Madame et solicitez qu'il luy plaise me faire sçavoir son intention, afin d'icelluy exécuter, non plus, fors que Dieu vous ait en sa garde. — A Blois, ce xxx.ᵉ de mars xv.ᶜ xi.

De vostre très humble serviteur et amy,

JEHAN PERRÉAL DE PARIS,

P. d. m. d. (1).

———————

F.

1511. — 22 novembre, à Tours.

LETTRE DE JEHAN LEMAIRE A MARGUERITE D'AUTRICHE.
— Il lui accuse réception de diverses sommes payées
par elle et entre autres de 142 florins d'or, pour
Michel Colombe qui, avec ses trois neveux, a fait des
projets de plans pour l'édifice de Brou. — Il l'entretient des talents du statuaire et des soins qu'il
apporte dans l'établissement du patron du tombeau
du duc Philibert-le-Beau.

Très haulte, très excellente princesse et ma
très redoubtée dame, le plus humblement que
faire puis, à vostre bonne grace me recommande.

Madame, j'ai receu deux lettres qu'il a pleu à
vostre haultesse m'escripre; l'une par mon serviteur auquel de vostre grace avez faict donner dix
philippus d'or; et l'autre, depuis, par le serviteur

(1) Ces initiales signifient *peintre de Ma dame.* —
(Original en papier, déposé aux archives de Lille).

du maître des postes, par lequel serviteur nommé
Gilles Moreau, lequel a faict grande et féalle di-
ligence de me venir treūver à Tours et a bien desservi d'estre récompensé. — J'ay reçeu la somme
de cent quarante-deux florins d'or et xxiv sols de
monnoye; Mais, pardeçà, il y aura perte pour le
moins de V deniers par pièce. Et reviennent les-
dicts florins, selon la calculation de par delà, à la
somme de II. livres de XV. gros.

Laquelle somme, Madame, il vous a pleu or-
donner pour contenter *maistre Michel Coulombe,*
tailleur d'ymaiges, touchant l'ouvraige des pa-
trons de vos édifices. Et vous a pleu me faire cest
honneur que de vous fyer de ma petitesse et n'a-
viez voulu envoyer aultre contrerolle. Ce que toutes voies j'eusse bien désiré pour estre présent à la
distribution dudict argent et satisfaction de vos
ouvriers, chacun pour sa ratte (1); car vous en
avez par deçà quatre; c'est assavoir *le très bon*

---

(1) *Pro ratâ suâ.* — Le mot français *rate* a été remplacé par l'expression. *prorata.*

ouvrier maistre *Michel Coulombe et trois de ses nepveux.* Le dict Coulombe est fort ancien et pesant : c'est assavoir environ de IIIIxx ans, et est goutteux et maladif, à cause des travaulx passez, par quoy il fault que je le gaigne par doulceur et longanimité ; ce que je fais et feroy jusques à parfaire. Le bonhomme rajouenist pour l'honneur de vous, Madame, et a le cuer à vostre besongne, autant ou plus qu'il eust oncques à aultre. Et quand je pourroy avoir tiré receu de ses mains, *je vous asseure, Madame, que vous aurez ung des plus grands chiefs d'œuvre qu'il fit oncques en sa vie ; car vous verrez la sépulture de feu Monseigneur en toute perfection, comme elle sera. Se gisant aura ung pié et demy de longueur, les vertuz demy pié ; et toutes les aultres imaiges à la correspondance ; et la massonnerie qui sera grand chose en toute perfection, comme se vous la voyez en grand volume ;* Tellement que les ouvriers qui besongneront après seront tenus de l'ensuivre à toute righeur, en réduisant le petit pié au grand.

Et vous asseure, Madame, que vous trouverez

que je n'auroy pas mal employé vostre argent, car vous estes servie de cuer de toutes parts ; et certainement l'argent est venu à point à mon grand besoing ; car j'estois au bout de mon rolle et craignoie beaucop d'avoir honte et disette, ce que vostre très noble cuer ne pourroit souffrir.

Madame, le bonhomme Coulombe demandoit termes jusques à Pasques, à cause de la pesanteur de l'euvre et aussi pour l'indisposition de sa personne et du temps ; mais je feroy tant que je réduiroy le tout à trois mois.

Et cependant, je vous yroy faire la révérence et vous porteroy de beaux présentz et bien agréables, au plaisir de Dieu ; mais ce ne sera point que je n'aye veu la besôngne en train et donné ordre qu'elle se parface, et que l'un ou deux des nepveux du dict bonhomme Coulombe, la vous porte par delà, affin que vous l'entendez par le menu.

Madame, *les dicts deux nepveux sont ouvriers en perfection comme héritiers de leur oncle, l'un en taille d'ymaigerie, l'autre en architecture et massonnerie, et n'y a gens nulle part, que je sache, qui mieulx réduisent une besoigne en grand volume que eulx deux.* Et je les ay gaignez.

Touchant vostre albastre, Madame, ce présent porteur en a bien mis en euvre et poly en grand volume. Et vous en dira ce qui en est. Aussi je vous en porteroy une pièce mise en euvre du bonhomme Coulombe; de vous en escripre plus avant, il sembleroit que je le feisse à ma louenge, pour ce que j'ay retreuvé la perrière; mais tant y a que c'est le plus bel albastre du monde et le plus approuvé. Ny en Espaigne, ny en Italie, ny en Engleterre, n'en y a point qui l'aproche en bonté, beauté et polissement.

Madame, tout le monde vous bényt et loue, et esmerveille d'avoir entreprins une si grande euvre, là où une très haulte magnanimité se montre et se déclaire. J'ay le tout monstré à l'ambassadeur de l'empereur, et est le tout parvenu aux oreilles du roy et de la royne. Et vous asseure, Madame, par le serment que j'ay par trois fois à vostre haultesse, *que on ne l'estime point aultre-*

ment que le plus grand chief d'œuvre qu'on fera
ès parties par deça.

Madame, je prie à nostre Seigneur qu'il vous
doint très bonne vie et longue.— Escript à Tours,
le XXIIe jour de Novembre l'an mil V^e et onze.

Vostre très humble indiciaire, esclave et serf (1).

LEMAIRE.

G.

1511. — 3 décembre, à Tours.

Ecrit ou traité par lequel Michel Coulombe, tailleur
d'imaiges du roi, reconnaît, tant pour lui que pour
Guillaume Regnault, tailleur d'imaiges, Bastien
François, architecte de l'église de Saint-Martin de
Tours, et François Coulombe, enlumineur, tous trois
ses neveux, avoir reçu de Jehan Lemaire, indiciaire
et solliciteur des édifices de Marguerite, duchesse de
Bourgogne, la somme de 94 florins d'or, pour faire,
en petit, la sépulture de feu le duc Philibert de
Savoie, mari de ladite dame, selon le dessin de Jehan
Perréal, peintre et valet de chambre du roi.—Michel
déclare que Jehan Lemaire lui a remis une pièce de
marbre d'albâtre, dont la carrière a été découverte

(1) *Original autographe de la Chambre des comptes à*
Lille. — (Publié, en 1838, dans les analectes historiques
de M. Le Glay, archiviste du département du Nord).

par lui à Saint-Lothain-lez-Poligny. — Le dit Michel en a taillé une figure de sainte Marguerite dont il fait présent à la Duchesse.

Je, Michel Coulombe, habitant de Tours et tailleur d'ymaiges du roy, nostre sire, tant en mon propre et privé nom, comme ès noms de Guillaume Regnault, tailleur d'ymaiges, Bastyen François, maistre masson de l'église de Sainct-Martin de Tours, et François Coulombe, enlumineur, tous trois mes nepveux, confesse, promect, affirme et certifie en foy de loyal prud'homme les choses qui s'ensuivent être véritables, tant pour le présent et passé, que pour l'advenir ; et ce pour la descharge et acquit de Jehan Lemaire, indiciaire et solliciteur des édifices de très haulte et très excellente princesse, Madame Marguerite, archiduchesse d'Austriche et de Bourgoigne, duchesse douairière de Savoye et contesse palatine de Bourgoigne.

C'est assavoir tout premièrement, je confesse ès noms que dessus, avoir eu et receu de ma dicte dame, par les mains de son dict indiciaire

Jehan Lemaire, la somme de quatre vingtz quatorze florins d'Allemagne, à vingtz sept solz six deniers tournois pièce, qui reviennent à la somme de six vingtz huyt livres treize sols tournois monnoye du Roy, présentement courante. Et ce pour nos peines, labeurs et salaires *de faire la sépulture en petit volume de feu de bonne mémoire, Monseigneur le duc Philibert de Savoye, mary de la dicte dame, selon le pourtraict et très belle ordonnance faicte de la main de maistre Jehan Perréal de Paris, peinctre et varlet de chambre ordinaire du roy, nostre dict Seigneur;* de laquelle somme de quatre vingtz quatorze florins d'or d'Allemaigne revenans à la dicte somme de six vingt huyt livres XIII sols, je me tiens pour content et bien payé et en présence ès noms que dessubs, les dicts Jehan Lemaire, solliciteur pour Madame, et tous aultres à qui il appartiendra. Et de laquelle sépulture je Michel Coulombe, dessubs nommé, feroy de ma propre manufacture, sans que aultre y touche que moy, les patrons de terre cuitte, selon la grandeur

5

et volume *dont j'envoye à ma dicte dame deux pourtraictz, l'un en platte forme pour le gisant, l'aultre en élévation, faiz les diz patrons de la main des dicts François Coulombe, enlumineur, et Bastyen François, masson, mes nepveux.*

Et le dict Bastyen fera de pierre de taille toute la massonnerie servant à la dicte sépulture en petit volume par vrayz traicts et mesures, tellement que, en réduisant le petit pié au grand, Madame pourra veoir toute la sépulture de mon dict feu Seigneur de Savoye, dedans le terme de Pasques, pourvu que aucun inconvenient ou fortune ne surviengne au dict Coulombe durant le dict temps : et iceulx patrons je prometz loyaument, à l'aide de Dieu, faire pour ung chief d'euvre, selon la possibilité de mon art et industrie.

Oultre plus, pour ce que le dict solliciteur Jehan Lemaire nous a affermé que Madame désire d'estre servye en ses édiffices de gens meurs, graves, savans, seurs, certains, expérimentez, bien condicionnez, et observant leur promesse comme bien raison le veult, mesmement de ceulx que je des-

subs nommés, assureroy à ma dicte dame estre
telz; d'icy, et desja j'asseure et afferme que Guillaume Regnault, tailleur d'ymaiges, mon nepveu
est souffisant et bien experimenté pour réduire en
grand volume la taille des ymaiges servant à la
dicte sépulture en ensuivant mes patrons, car il
m'a servy et aidé l'espace de quarante ans ou environ, en telle affaire, en toutes grandes besoignes,
petites et moyennes, que par la grace de Dieu,
j'ay eues en main jusques aujourd'huy et auroy
encoire et tant qu'il plaira à Dieu. Mesmement
il m'a très bien servy et aidé en la dernière euvre
que j'ay achevée ; c'est assavoir la sépulture du
duc François de Bretaigne, père de la Royne ; de
laquelle sépulture j'envoye ung pourtraict à Madame.

D'aultre part, le dict Bastyen François, gendre
de mon dict nepveu, s'afferme estre souffisant pour
exploicter et dresser, en grand volume, les patrons
de la dicte sépulture, quant à l'art de massonnerie et architecture. Lesquels patrons seront faictz
en petit volume, de sa main propre.

En après les dictz patrons achevez, dedans le terme de Pasques, dessubs dict, et iceulx estoffés de paincture blanche et noire, selon ce que la nature du marbre le requiert, par le dict François Coulombe, enlumineur, la taulette de bronce dorée et les lisières, armes, fourries d'ermines, carnations de visaiges et de mains, escriptures et toutes aultres choses à ce pertinentes fournies, selon que le debvoir le requiert ; je dessoubz signé prometz envoier les dicts Guillaume Regnault, mon nepveu, et Bastyen François, son gendre, porter la dicte sépulture en petit volume, à Madame, quelque part qu'elle soit, dedans le terme de la purification de Notre-Dame.

Ensemble l'élévation de la platte forme de son esglise, mesmement touchant la sépulture des deux princesses, dont nous avons les pourtraictz et tableaux faitz de la main de Jehan de Paris ; et aussi le dict Bastyen François portera la montée de l'élévation du portal et des arcz boutans par dehors ; pour lesquelles choses estre faictes par les dictz Bastyen François, j'ai retenu le double de la platte forme de la dicte esglise du couvent de Sainct-Nicolas de Tolentin lez Bourg en Bresse, icelle platte-forme faicte et très bien ordonnée sur le lieu, mesurée de la main de maistre Jehan de Paris, avec l'advis, en présence de maistre Henriet et maistre Jehan de Lorraine, tous deux très-grans ouvriers en l'art de massonnerie.

Et quant les dicts Guillaume et Bastyen, mes nepveux, auront présenté la dicte sépulture en petit volume à ma dicte dame, et icelle dressée en sa présence, et déclaré toutes les circonstances et dépendances d'icelle, s'il plait à Madame, j'entreprendroy volontiers la charge et marche d'icelle, faire réduire en grand volume par le dict Guillaume, tailleur d'ymaiges, et Bastyen, masson. Lesquelz j'envoiroy sur le lieu du dict couvent lez Bourg en Bresse, avecques Jehan de Chartres, mon disciple et serviteur, lequel m'a servy l'espace de dix huit ou vingt ans, et maintenant est tailleur d'ymaiges de Madame de Bourbon, et aussi aultres mes serviteurs dont je respondroy de leur science et preudomie, et dont je ne penseroy avoir honte ni dommaige,

Et ce, pour autant que à cause de mon aige et pesanteur, je ne me puis transporter sur le dict lieu personnellement; ce que aultrement j'eusse faict volontiers pour l'honneur, excellence et bonté de la dicte très noble princesse.

Et pour ce fere, si le cas advient que Madame soit conseillée d'executer sa bonne intention par le labeur de moi et des miens, d'icy et desja j'advoue, ratifie et tiens à bons, fermes et approuvez tous les marchiez que les dictz Guillaume, tailleur d'ymaiges et son gendre, masson, feront avec ma dicte dame en mon nom et au leur, touchant la dicte sépulture et aultres choses concernant nostre art d'ymaigerie et architecture, comme se moy mesme y estoit présent; et à leur partement leur en feroy procuration expresse, se besoing est, ce que je fais desja.

Et affin que le voiaige du pays de Flandres encoire incongneu à mes dicts nepveux, leur soit

plus seur et plus certain, est moyenné que Jehan
Lemaire nous laisse ou envoie icy ung solliciteur
et guide pour conduire jusques là mes dicts nepveux ; c'est assavoir son nepveu Jehan de Ma-
roilles ou son serviteur Jehan Poupart. Et avons
convenu avec le dict Jehan Lemaire que chascun
de mes dicts nepveux aura par jour, compté depuis leur partement de cette cité de Tours, dont
je feroy certiffication par mes lestres jusques à
leur retour, la somme de V Philippus d'or, vallant
xxi sols tournois, sauf ce qu'il plaira mieulx tauxer
à Madame et recognoistre leurs labeurs et dili-
gence, comme moy et les miens avons parfaite
confiance en son excellence très renommée, laquelle nous tous désirons servir de bon ceur, s'il
lui vient à plaisir.

Au surplus, le dict Jehan Lemaire nous a ap-
porté une pièce de marbre d'albastre de Saint
Lothain lès Poligny en la conté de Bourgoigne,
dont il a nouvellement descouvert la carrière ou
perrière, laquelle, comme nous avons entendu

par certaine renommée, a autrefois esté en grant
bruit et estimation, et en ont esté faictes, aux
chartreux de Dijon, aucune des sépultures de feuz
messeigneurs les ducs de Bourgoigne, mesmement par maistre Claux et maistre Anthoniet,
souverains tailleurs d'ymaiges, dont je, Michel
Coulombe, ay autreffois eu la cognoissance ; et à
la requeste du dict Jehan Lemaire, ay taillé, de
ma propre main, ung visaige de sainte Marguerite ;
et mon nepveu Guillaume l'a poly et mis en œuvre, dont je fais ung petit présent à ma dicte dame
et lui prye qu'il lui plaise le recevoir en gré.

Certifiant et affirmant que, pourveu que la dicte
pierre soit tirée en bonne saison et les ancyens
bancs découvertz avec grand et ample descombre
faict sur le bon endroit, c'est très bon et très certain marbre d'albastre, très liche et très bien polis-
sable en toute perfection et ung trésor trouvé au
pays de ma dicte dame, sans aller querir aultre
marbre en Ytalie ny ailleurs ; car les aultres ne
se polissent point si bien et ne gardent point leur

blanchour; ains se jaulnissent et ternissent à la
longue.

Toutes lesquelles choses dessubs dictes je confesse, prometz, afferme et certifie estre vrayes et
ainsi que dessubs promises, asseurées et conven-
tées entre le dict Jehan Lemaire, solliciteur pour
Madame et moy; témoing mon seing manuel cy
mis, le troisième jour de décembre l'an mil cinq
cents et onze.

Et pour nostre seurté d'un costé et d'aultre, ay
requis à saige et discret homme Mace Formon,
notaire royal et personne publique, cytoien de
Tours, soubz scripre et soubs signer avec moy.

Pareillement le dict Jehan Lemaire, notaire impérial et solliciteur pour ma dicte Dame, a soubz
script et soubs signé, en tesmoignaige de vérité et
soubz les obligacions et soubzmissions neces-
saires d'une part et d'aultre, mesmement de la
part du dict Lemaire, touchant la promesse et
assurance du paiement du voiaige de mes dictz
nepveux, et entant que en lui est, de adresser les
marchiez à l'honneur et prouffit de ma dicte dame

et de moy son très humble et très obéissant serviteur (1).

M. Colombe, — Formon, — Lemaire,
indiciaire, de Belges.

H.

1512. — 14 mai, à Blois.

Lettre de Jehan Lemaire a Marguerite d'Autriche. — Il la remercie de ce qu'elle n'a pas ajouté foi aux calomnies de ses ennemis.—Après lui avoir parlé des recherches qu'il fait pour rédiger les chroniques de la Maison de Bretagne, suivant le désir de la Reine de France, dont il est devenu l'historiographe, il l'entretient des ouvrages de sculpture commandés par elle, ainsi que des paiements à faire à Michel Colombe et à ses neveux. — Les patrons ont été achevés par Jehan Perréal, par suite du décès de Michel et celui de François.

Très haulte, très excellente princesse et ma très redoubtée dame, le plus très humblement que

(1) Original en parchemin, Chambre des comptes de Lille. — Extrait des analectes historiques de M. Le Glay, archiviste du département du Nord, 1838.

faire puis, à vostre bonne grace me recommande.
Madame ce qui me faict enhardir de vous escripre,
ce sont les lestres de vostre premier secrétaire
M⁰ Loys Barangier, lequel me mande que vostre
excellence n'a point prins mal mes derrenières
lestres, dont, Madame, je vous mercie en toute
parfonde humilité.

Madame, j'estime que vostre haulte vertu a co-
gneu le contraire des faulx rapports qui vous ont
esté faicts contre mon innocence. Et cy-après encoires le cognoistrez-vous mieulx, à l'aide de
Dieu ; car la Royne m'a commandé compiler les
croniques de sa maison de Bretaigne ; et pour ce
faire m'envoye expressément par tout le pays de
Bretaigne, affin que je m'enquière, par les vieilles
abayes et maisons antiques, de toute l'histoire
britannique, laquelle encoires n'a été mise en
lumière entièrement jusques à ores que je l'ay
entreprinse. En quoi faisant, il est bien force que
de vostre Excellence soit faicte ample mention,
dont je m'acquiteroy à mon pouvoir, comme vray
subject, serviteur et tenu ; et je scay bien qu'il

plaira bien à la Royne, laquelle par vos lestres m'avez commandé bien servir.

Madame, vostre dict premier secrétaire m'escript que, par la première poste, avez ordonné *d'envoyer de l'argent à maistre Jehan de Paris vostre painctre, auquel j'ai baillé tout ce que j'ay peu recouvrer des patrons faicts de la main du bonhomme maistre Michel Coulombe. Et le dict maistre Jehan de Paris a estoffé les dicts patrons de couleurs, qui est ung grand chief d'euvre,* comme vous pourra dire ce présent porteur qui les a veuz. Et les a estoffés le dict de Paris bien volontiers, à cause que François Coulombe, nepveu du bon maistre, est allé à Dieu, lequel François Coulombe, enlumineur avoit reçeu de vostre argent dix florins d'or, par mes mains, pour ce faire. Ainsi vous avez perdu le dict argent. Mais c'est aumosne de le lui donner après son trespas ; par quoi, Madame, je n'ay pas volu poursuivre sa femme, ne ses héritiers de fournir et parachever ce qu'ils debvoient faire pour le trespassé, voyant qu'il y avoit pitié en eulx. Et pour ce,

Madame, il vous plaira avoir regard *aux labeurs et diligences du d. de Paris qui vous sert de bon cuer et accomplit ce dont les aultres estoient paiés,* non seulement en ce, *mais en toutes aultres choses.*

Madame, quand il vous plaira envoyer de l'argent au dict maistre Johan de Paris, je vous supplie qu'il vous plaise ne m'oublier, touchant ce qui m'est deu, qui est peu de chose au regard de vostre excellence et beaucoup pour moy.

Et d'avantaige, Madame, pour aucune récompense de mon petit service plus honorable que prouflitable, je vous faiz très humble requeste qu'il vous plaise me continuer l'auctorité que m'avez donné, par mandement patent, de traire le marbre d'albastre qui sera nécessaire, tant pour la fourniture des sépultures et aultres euvres de vos édiflices, comme pour ce qu'il s'en pourra cyaprès et prouchainement faire grande traicte en France ; car elle se commence fort à cognoistre, depuis que je l'ay descouverte ; laquelle chose fera honneur à vostre haultesse et me tournera à quelque proufit sans vostre coustence. Et, Madame, certes jasoit or que je demourasse au fin fond de Bretaigne, se ne me sauroie-je passer que une fois l'an, je n'aille veoir vostre édiffice dont j'ai eu grande sollicitude ; et il vous plaira tousjours me donner ceste audace et licence, car la besoigne n'en vauldra pas pis.

Madame, je vous envoie xxiiii coupletz que j'ay faictz pour la convalescence de la Royne ; je scay que ne les verrez pas *envis* (*avec peine*), car vous aimez la dicte dame, et elle, vous. J'entends que vous avez créé ung nouvel indiciaire nommé maistre Remy Bourguignon. Toutes et quantes fois qu'il vous plaira me commander que tout ce que j'ay faict et recueilly, servant au dict officé et à l'honneur de vous, Madame, et de vostre maison très illustre, je le vous envoierai et lui servira de beaucoup, car vous ny aultre ne veistes jamais la moitié des choses que j'ai faictes à l'honneur de vostre Excellence ; et se elles ne sont achevées, se sont elles bien pourgettées ; mais ès mains d'aultre que vous, Madame, jamais ne les délivreroy.

Et s'il vous plaist, par celui qui viendra quérir les patrons, m'en ferez sçavoir votre intention.

Madame, en ensuivant les lestres que derrenièrement je vous escrivis, quand il vous plaira envoyer quérir les dicts patrons, il me semble que, pour le bien de l'euvre, il seroit bon d'envoyer par deça ung homme bien entendu et qui vous sceut rapporter ce qui est de mestier, touchant l'euvre et les marchiez, tant de bouche comme par escript, et mesmement les intentions des deux principaulx maistres Michel Coulombe et Jehan de Paris, avecques ce que j'en ay aprins de ma part.

Très haulte, tres excellente princesse et ma très redoubtée dame, je prie au benoist fils de Dieu qu'il vous doint très bonne vie et longue. — Escript à Blois, au jardin du roy, le xiiii° jour de may l'an mil v° et xii (1).

Vostre très humble et très obeyssant serviteur,

LEMAIRE, indiciaire.

_____

(1) Original autographe. — (Chambre des comptes

Au dos est écrit : A très haulte, très excellente princesse et ma très redoubtée dame, Madame, à Bruxelles.

I.

1512. — 20 juillet, à Blois.

LETTRE DE JEHAN DE PARIS A MARGUERITE D'AUTRICHE. — Détails sur les travaux de statuaire à Brou. — Jehan Perréal craint d'avoir été desservi auprès de la princesse. — Vœu à Notre-Dame de Hall. — La reine Anne de Bretagne.

Madame, tant et sy humblement que faire puis à vostre bonne grace me recommande.

Madame. Je croy que vous avez receu *la sépulture de pierre, ensemble les ymaiges que vostre varlet de chambre Pierrechon vous a portées.* Ne sçay sy les a rendues entières ; mais aultrement m'en déplairoit.

----

de Lille). — Extrait des analectes historiques de M. Le Glay, archiviste du département du Nord, 1838.

Madame, *Michel Colombe faict les dix Vertus comme il a promis,* et dont est paié par les mains de Jehan Lemaire ; car du marchié et paiement ne me suis meslé.

J'ai faict l'ordonnance et patrons pour faire lesdictes Vertus. Il est après. Le bon homme est vieil et faict à loysir, et m'est advis que encore sera bienheureux un meschant ouvrier d'avoir tels patrons. Je ne sçay se serez contente de ce que les ay ainsy acoustrés, tant blanchy les ymaiges que dorez et faire visaiges.

Madame, s'il vous plaisoit me mander et commander que ainsy fisse les Vertus, et s'il vous plest ainsy le faire, ce me sera plaisir. *Mais je doubte que pour le temps vous estes lasse de Jehan de Paris, tant par paroles raportées que aultrement.* Mais quant à moy, je n'ay seulement parlé, mais ay faict et reffaict et au mieulx que j'ay peu, et feray toutes fois qu'il vous plaira me commander. — Et suis marri que n'ay faict mon veu à N. D. de Haux piessa, et vous eusse veue comme j'avoye désiré. Ores le temps est trop divers, dont trop desplaist à tous ceulx qui paix ayment, dont vous estes celle qui bien la commensates.

Madame, ce porteur Diret a passé à Bloys, de son retour de Bretaigne, et a parlé à moy. Je dis à la Royne comme il n'a pas faict comme debvoit et qu'il a esté mal recully. La dicte dame a dict que se elle l'eust sceu, elle y eust mis remède, et m'a dict que luy die que se on luy faict desplaisir à son retour vers vous, qu'elle le réparera. Cecy je dis pour ce qu'il est venu ung homme vestu d'une robe de camelot noir qui a porté lestre à la Royne, de par vous et de vostre main signée, qui disoit qu'il lui pleust vendre de ses navires de Bretaigne pour vous et que en aviez à faire.

Madame, la Royne par ledict homme vous faict response. S'il est vrai ou non, vous le pourrez sçavoir; je l'ay dit à ce porteur Diret.

Madame, *puis que ainsy est que de moy n'a-vez plus affaire,* je vous supplie au moins qu'il vous plaise me *commander et mander si je feray les Vertus blanches, comme le reste que vous ay envoyé.*

Madame, je prie au benoist fils de Dieu qu'il vous doint le comble de vos nobles désirs, et aux crestiens, paix.

A Bloys, ce xx juillet, — de vostre très-humble serviteur et obéissant varlet et peinctre (1).

JEHAN DE PARIS.

J.

1512. — 17 octobre, à Blois.

LETTRE DE JEHAN PERRÉAL A MARGUERITE D'AUTRICHE. Patrons des tombeaux de Brou.

(Extrait.)

Madame, tant humblement que faire puis à vostre bonne grace me recommande.

Madame, dernièrement par ung vostre serviteur

(1) Original déposé aux archives de Lille. — (Voir les mémoires de la Société impériale des sciences, de l'agriculture et arts de cette ville, année 1850).

en l'office de hérault, vous ay rescript et ample-
ment faict sçavoir, comme j'ay de coustume, du
bon vouloir que j'ay eu en vous et que tousjours
j'ay pour me emploier à vos affaires de Brou, ou
aultrement quand vous plaira, et désiroy qu'il
vous pleust me commander ou mander comment
vous estiez contente de ce que vous envoie par
Pierrechon, vostre varlet de chambre : *c'est de la
sépulture que Michel Coulombe avoit faict et que
j'avoie blanchie, ainsi que avez treuvé* Et de plus
grandes choses vous ai rescript par luy et le hérault, *comme de bien commencer vostre esglise* et
*bien achever l'œuvre et tout plain d'aultres
choses. Etc.*

..... Je prie à Dieu qu'il vous doint santé et longue vie et avoir en nos jours paix. Vous suppliant
que par ce porteur me mandez vostre bon plaisir.

A Bloy, ce xvııe d'octobre, — de vostre très-
humble et très-obéissant serviteur (1).

JEHAN DE PARIS, *p. d. M*^e.

(1) Original déposé aux archives de Lille (*in ex-*

K.

1512. — ..... octobre, à Malines.

Lettre de Marguerite d'Autriche a.............. (1).
— Elle annonce la venue de M* Loys Van-Boghem,
à Brou?

Marguerite, archiduchesse d'Austrice, duchesse
et contesse de Bourgoingne, douaigière de Savoye, etc.

Chier et bien amé. Nous envoyons ce maistre
masson qui est ung bon et experimenté maistre
et des meillieurs qui soient par deçà à Brouz,
pour visiter nostre édiffice et nous scavoir faire
rapport de toutes choses, *et s'il vouldra entre-*
prendre la taille de la pierre qui sera nécessaire,

---

tenso). (Voir les mémoires de la Société impériale des
sciences, de l'agriculture et des arts de cette ville,
année 1850).

(1) Cette minute de lettre inédite, adressée sans
doute au Gouverneur de Bresse, repose aux archives
de Lille. Sa communication est due à l'obligeance de
M. Desplanques, archiviste du département du Nord.

tant pour lesglise que pour les sepultures, ainsi que nostre amé et féal conseillier et secrétaire Me Loys Barangier est à plain adverty. Si désirons que le recueillez et recepvez benignement et luy faictes tout le port, faveur et assistence que bonnement vous sera possible, affin qu'il ayt ochoison destre tant plus enclin à nous y faire service, et vous nous ferez plesir. A tant, chier et bien amé, nostre Seigneur soit garde de vous. Escript à Malines le ..... jour doctobre Mc xve xii.

(Minute en papier).

L.

1512. — Novembre; à Dôle.

LETTRE DE MAITRE LOUIS BARANGIER A MARGUERITE D'AUTRICHE. — Visite à Brou par maistre Loys Van-Boghem.

Ma très redoubtée dame, très humblement à vostre bonne grace me recommande.

Madame, suyvant ce qu'il vous a pleu m'es-

cripre, ay faict toute adresse à maistre Loys, maistre masson, lequel a bien et au long veu vostre
édiffice de Brouz et la treuvé très beau et bien ordonné, et y ont honneur les massons, comme il
ma dict. *Il a aussi veu la place pour faire l'esglise*
et treuve qu'il n'est besoing de pillots, qu'est
grand adventaige. Il la reculera bien de quinze ou
vingt piedz loing du dict édiffice, afin de n'empes-
ché point la véhue du dortoire, aussi pour fère les
chappelles et sacresties tant plus belles et grandes, et avec ce en sera la dicte esglise plus magnifique. Dessubz la dicte sacrestie il pourra fere
ung oratoire pour vous s'il vous plait.

Et quand à voz chappelles, à la vérité, madame,
selon que vous diz à mon partement, il les fera à
l'opposite du dict édifice, et entend d'en fere une
qui sera ung chief d'œuvre et pourrez descendre
par dessubz le jubilé *(jubé)*, comme je dysais, en
vostre chappelle, de laquelle pourrez voir par dessubz vostre sepulture, au grand haulte, ainsi
que le tout a plain le dict maistre Loys déclairera.

Madame, aucuns disaient que debvriez fere nouveau maisonnement pour vous du costé de vostre dicte chappelle. Je ne suis point de cet advis et me semble que en avez assez. Combien que après l'esglise faicte, et avoir veu le tout, pourriez tousjours ordonné ce qu'il vous plaira. Et surtout, madame, je vous supplie, quoique l'on vous dye, que toutes aultres choses délaissées, actendu que les religieux sont bien leugez, qu'il vous plaise ordonné et recommandé que l'on ne cesse que vostre dicte esglise ne soit faicte, laquelle le dict maistre dict, expédiera en cinq années à l'aide de Dieu. Le dict maistre a veu le marbre estant au dict Brouz, et en a faict l'essay et poly, et le treuve le meilleur du monde. Il desire d'en avoir trente ou quarante pièces d'une grosse qu'il m'a montrée, tant pour les sépultures que pour vostre chappelle.

Si vous plaist que l'on en face tirer, en manderez vostre bon plaisir pour en fere selon icelluy.

Et enfin, madame, d'estre adverty de ce et de la

conclusion que aurez prinse avec le dict maistre masson, aussi pour la compaignie, pour ce aussi qu'il la requis, ay baillé Crollet, présent porteur, vostre garde des prisons de Bourg, lequel s'il vous plaist, madame, aurez pour recommandé ; car il y a pitié en son cas. Je lui ay presté l'argent pour son voiaige.

Madame, monsieur de Montellier trouble vos religieux en la rente que leur avez achetée, comme entendrez par ung mémoire que vous envoye. C'est une très bonne rente et en eusse bien eu seze cent francs pour trois ans. Il me semble, madame, que l'on doit parlé à monsieur Daynieries qui est tenu à la garantie, et recouvrer tous les tiltres qu'il peut avoir de ceste matière pour les bailler aux dicts religieux, lesquels tiennent bien maintenant, y comprins la dicte rente, ix° ou mil florins. Jay treuvé homme qui en a offert mil florins pour dix ans.

Au surplus, madame, il est nécessaire d'avoir ung contreroleur à Brouz qui tienne compte et contrerole toutes choses pour vostre prouffit, actendu que les massons ont faict leur taiche, et que ce faict est à journée. J'en escrips à monsieur le gouverneur d'ung qui me semble le fera très bien. Et aussi, madame, de vous parler de quelque affère pour mon cousin, maistre Guillaume de Boisset, lequel vous supplie, madame, en toute humilité, avoir pour recommandé. Je vous prometz qu'il vous servira bien et loyaulment s'il vous plaist luy donner quelque estat, et le fera aussi bien que subgiect que vous aiez, madame. Je ne vous ay jamais fort travaillé pour mes parens, parquoy, madame, vous supplie l'avoir pour recommandé, et luy et moy en demeurrons tant plus obligéz à prier Dieu pour vous.

Madame, il vous plaise m'avoir tousjours en vostre bonne souvenance, et me mander et commander voz bons plaisirs, et je mectroy peine les accomplir, moyennant l'aide de Dieu, auquel je prie que, ma très redoubtée et souveraine dame, vous doint vos désirs avec très bonne vie et longue.

Escript en vostre ville de Dole, ce jour..... de novembre 1512.

Vostre très humble et très obéissant subgiect et serviteur, (1)

Loys Barangier.

---

(1) *Original sur papier, provenant des archives de Lille, et dont copie authentique a été déposée dans la bibliothèque de la Société d'Emulation de l'Ain, en 1847, par l'auteur de cette monographie.*

Il est à remarquer que l'église n'a pas été reculée puisqu'on peut s'assurer, aujourd'hui, *qu'elle dépasse encore de* 20 *pieds l'alignement du bâtiment du couvent.* On s'est donc conformé, pour la construction de l'église, aux plans et dessins de Jehan Perréal.

(Note de M. Dufay).

FIN DES PIÈCES JUSTIFICATIVES.

TABLE

—

CHAPITRE PREMIER.

Marguerite d'Autriche. — Sa devise. — Nom de Brou.
— Ermitage. — Ancien prieuré. — Couvent des
Augustins. — Eglise de Saint-Nicolas-de-Tolentin.
— Jehan Perréal, dit Jehan de Paris. — Michel
Colombe et Van-Boghem. — Style architectural.
— Valeur monétaire. — Matériaux employés..... 1

CHAPITRE II.

Portes de l'église. — Façades extérieures. — Statues.
— Intérieur de l'église. — Piliers. — Voûtes. —
Chœur. — Jubé. — Galeries.................. 25

CHAPITRE III.

Tombeaux. — Stalles en bois. — Chapelles. — Autels. — Tableaux. — Oratoires. — Vitraux. — Pavage 39

CHAPITRE IV.

Clocher et flèche. — Sacristie. — Bénitier. — Chaire à prêcher. — Armoiries de Chateauvieux. — Saint-Nicolas-de-Tolentin. — Miracles. — Petits pains contre la fièvre et la peste. — Cadran elliptique. — Noms des artistes de l'édifice et des tombeaux. — Colomban. — Observations sur les architectes 101

Pièces justificatives (douze lettres) 123

FIN DE LA TABLE.

LYON. — IMPRIMERIE VINGTRINIER.

www.ingramcontent.com/pod-product-compliance
Lightning Source LLC
Chambersburg PA
CBHW072019080426

42733CB00010B/1751